이토록
간결한
글쓰기

일러두기
- 본문의 이탤릭체는 최대한 원서를 따랐다.
- 본문의 기존 유형(장황한 이메일 등)과 수정 유형(간결한 이메일 등)을 비교하기 위해 표기되어 있는 단어와 음절 수는 번역된 한글 기준으로 원문과 다를 수 있다.
- 국내 기출간 도서는 한국어판 제목을 썼으며, 미출간 도서는 번역 후 원서명을 병기했다.
- 친숙한 표현을 위해 엑스(구: 트위터)의 게시물은 '트윗', '리트윗'으로 표기했다.

이토록 간결한 글쓰기

초판 1쇄 발행 2023년 12월 15일

지은이 토드 로저스, 제시카 래스키-핑크
옮긴이 최성옥

펴낸이 조기흠
책임편집 전세정 / **기획편집** 박의성, 이지은, 유지윤
마케팅 정재훈, 박태규, 김선영, 홍태형, 임은희, 김예인 / **제작** 박성우, 김정우
디자인 박정현

펴낸곳 한빛비즈(주) / **주소** 서울시 서대문구 연희로2길 62 4층
전화 02-325-5506 / **팩스** 02-326-1566
등록 2008년 1월 14일 제25100-2017-000062호

ISBN 979-11-5784-719-8 13320

이 책에 대한 의견이나 오탈자 및 잘못된 내용에 대한 수정 정보는 한빛비즈의 홈페이지나
이메일(hanbitbiz@hanbit.co.kr)로 알려주십시오. 잘못된 책은 구입하신 서점에서 교환해드립니다.
책값은 뒤표지에 표시되어 있습니다.

🏠 hanbitbiz.com 📘 facebook.com/hanbitbiz Ⓝ post.naver.com/hanbit_biz
▶ youtube.com/한빛비즈 📷 instagram.com/hanbitbiz

지금 하지 않으면 할 수 없는 일이 있습니다.
책으로 펴내고 싶은 아이디어나 원고를 메일(hanbitbiz@hanbit.co.kr)로 보내주세요.
한빛비즈는 여러분의 소중한 경험과 지식을 기다리고 있습니다.

하버드대 행동과학자의
비즈니스 글쓰기 6원칙

이토록
간결한
글쓰기

토드 로저스, 제시카 래스키-핑크 지음 | **최성옥** 옮김

어디서나 바쁘게

쓰는 사람들과

읽는 사람들을 위해

"글로 소통하는 누구나 읽어야 할 책! 홈런을 날렸다."

_ 로버트 치알디니Robert Cialdini,

《설득의 심리학》 저자

"이미 유능한 작성자라도, 여기서 보여 준 통찰력과 도구가 있다면 더 나은 작성자가 될 것이다. 예의를 갖춘 전략으로 글을 읽는 사람의 시간을 존중하고 요구를 이해하면, 그들의 집중과 신뢰를 얻을 것이다."

_ 낸시 깁스Nancy Gibbs,

하버드대학 교수, 타임지 전 편집장이자 《대통령 클럽》 공동저자

"반드시 읽어야 할 책! 수준 이하의 이메일, 메시지, 메모를 쓸 일은 다신 없을 것이다."

_케이티 밀크먼Katy Milkman,

펜실베이니아대학 와튼 스쿨 교수이자 《슈퍼 해빗》 저자

"정말 놀랍다. 효과적인 글쓰기에 관한 최고의 책이다. 이 책은 우리 삶을 변화시키고 세상을 더 나은 곳으로 만들 것이다."

_ 캐스 선스타인Cass R. Sunstein,

하버드대학 교수이자 《넛지》 공동저자

"영감을 주는 실용적인 책으로, 효과적인 글을 통한 소통이 만들어 낼 수 있는 엄청난 차이를 성공적으로 보여 준다. 사람들의 주의 집중력을 얻기 위한 치열한 경쟁 속에서, 이 책은 우리에게 더 좋은 기회를 주는 안내서가 될 것이다."

_ 로스 앳킨스Ros Atkins, BBC뉴스 앵커

"과학에 기반을 둔 조언으로, 잡음을 뚫고 글을 읽는 사람과 소통하도록 도와준다. 이 책은 소통을 위한 목표를 달성하는 데 유용한 안내서다."

_ 빅토리아 마리안Victoria Marian,

노스웨스턴대학 교수이자 《언어의 힘The Power of Language》 저자

"비용: 책값과 3시간. 효익: 당신의 수백 시간과 다른 사람들의 수천 시간. 결론: 좋은 거래."

_ 맥스 베이저만Max H. Bazerman,

하버드 비즈니스 스쿨 교수이자 《공모Complicit》 저자

목차

1부 읽는 사람이 관여하는 글

2부 바쁜 사람들을 위한 글쓰기 6원칙

3부 쓰는 사람에게 전하는 말

사실 이 책을 쓸 계획은 전혀 없었다.

글쓰기 방법에 관한 책은 이미 너무 많았다. 우리는 물론이고 주변에 글쓰기 책을 읽겠다는 사람도 없었다. 또한 글쓰기에 대해 글을 쓴다는 바로 그 개념이 이상해 보였다. 마치 자기가 자기를 참조하는 순환 관계인 것 같았다. '글쓰기에 대해 글을 쓰는 것'이 흡사 '노래 부르기에 대해 노래를 부르는 것'처럼 들렸다. 그런데 차츰 다른 유형의 글쓰기 책이 꼭 필요하다고 확신하게 되었다. 글을 쓰는 사람이 글을 읽는 누구와도 효과적으로 소통할 수 있도록, 입증된 기법을 하나씩 설명하는 책 말이다. 그리고 글을 읽는 사람 중에서도 *바쁜* 사람에게 특별히 초점을 맞춰야 한다는 사실을 깨달았다. 우리는 미디어와 정보가 전례없이 넘쳐나는 시대에 살고 있기 때문이다. 오늘날 글을 쓰는 사람에게는 집중을 방해하는 모든 요소를 돌파하기 위한 도움이 필요하다.

이 책은 방대한 연구 자료를 토대로 기술되었고, 대다수는 우리가 직접 수행하였다. 또한 수년에 걸친 전문적이고 개인적인 경험도 이 책을 뒷받침하고 있다. 토드는 '바쁜' 유권자에게 글을 쓰는 기법을 10년 동안 연구했다. 우리 두 사람은 '바쁜' 가족에게 글을 쓰는 기법을 함께 연구하기도 했다. 코로나19 팬데믹 동안 여러 주와 지역 대표를 대상으로 '바쁜' 주민에게 글을 쓰는 방법을 조언하기도 했다. 그러면서 '바쁜' 사람을 위한 효과적인 글쓰기의 몇 가지 보편적인 원칙이 아직 잘 알려지지 않았다는 사실을 알았다.

그러고 보면, 글쓰기는 꽤 다른 의미로 노래 부르기와 유사한 면이 있다. 노래 부르기는 단순히 누구나 할 수 있는 일이지만, 대부분 특별하게 잘하진 못한다. 훌륭한 가수는 단지 다른 사람의 노래를 듣고 주관적이고 미적인 판단을 내리면서 노래를 배우지 않는다. 해부학과 음향학, 인간의 인지에 대한 객관적인 연구에 기반한 기법을 따라 하면서 훈련하고 발전한다. 글쓰기도 마찬가지다.

우리는 오늘날 바쁜 사람의 뇌 안에서 무슨 일이 벌어지고 있는지 알고 있다. 글을 읽는 사람이 다른 자극에 반응할 때 눈이 어떻게 움직이는지도 안다. 특정 유형의 글은 사람의 관심을 끈다. 반면 어떤 글은 집중을 끌려는 경쟁과 안개 같은 산만함 속에서 길을 잃고 만다. 이번에도 우리는 왜 그런지 이유를 알고 있다. 그래서 잠재적으로 삶을 변화시키는 중요한 통찰을 공유하고자 이 책을 썼다. 누구나 바쁜 상대가 읽고 바로 응답할 수 있는 글을 쓰도록 그 기법을 안내하고자 한다.

생각에서 행동으로 가는 길

우리 삶에서 점점 더 많은 소통이 문자와 이메일, 다른 디지털 메시지를 통해 이뤄진다. 이 모든 것은 업무 보고서와 학교소식지, 신청서, 뉴스레터, 통지문처럼 더 오래된 유형의 실용적인 글 위에 구축된 것이다. 일반적으로 이런 유형의 실용적인 의사소통은 글을 읽는 사람에게 작업을 수행하거나 특정 정보에 관여하도록 요구한다. 때로는 글을 읽는 사람이 예방접종 일정, 정보공개, 정책 변화 등 여러 세부사항을 이해하도록 돕는다. 또 어떤 때는 글을 읽는 사람에게 피드백을 하거나 질문에 답변하고 문서를 완성하거나 미팅 일정을 잡는 것처럼 행동을 요구한다.

이 책에 나온 원칙은 누구에게나 적용된다. 우리는 모두 글을 쓰는 사람이기 때문이다. 자신은 아니라고 생각하는 사람도 더러 있다. 그렇다면 이렇게 생각해 보라. 단 하루라도 아무것도 쓰지 않고 지나간 적이 있었나? 문자메시지도 글쓰기다. 업무 메일, 페이스북 게시물, 트윗도 글쓰기다. 슬랙Slack(옮긴이: 클라우드 기반 팀 협업 도구)의 내용을 업데이트하는 것도 글쓰기다. 심지어 냉장고에 붙여 놓은 할 일 목록도 글쓰기로, 미래의 바쁜 자신에게 보내는 메시지가 된다. 이처럼 글을 통한 소통은 현대사회에서는 더더욱 피할 수 없기 때문에 우리는 모두 글을 쓰는 사람이라고 말하는 것이다. 마찬가지로 중요한 것은, 우리는 모두 글을 읽는 사람이라는 사실이다.

요즘에는 글을 읽는 사람 대부분이 *바쁘고*, 한정된 시간에 요구받는 사항은 너무 많다. 바쁜 사람은 글을 어떻게 읽는지 감안하여 효과적으로 쓰는 일이 중요한 이유다.

글을 효과적으로 쓰면, 쓰는 사람과 읽는 사람 모두의 삶이 더 편안하고 즐거우며 더 생산적으로 변모할 수 있다. 이것이 바로 효과적인 글쓰기의 힘이다. 당신 머릿속에서 타인의 머릿속으로 생각이나 목표를 전달하고 행동하도록 영감을 주는 마법 같은 힘이다. 효과적인 글쓰기는 바쁜 사람을 에워싸는 미지의 구름을 뚫고 지나간다. 그리고 누구나 할 수 있는 일이다. 일단 효과적인 글쓰기의 원칙을 배운다면, 그 힘을 손에 넣을 수 있다.

이 책은 효과적인 글쓰기의 여섯 가지 기본원칙을 제시하고 원칙을 실행하는 방법을 알려 준다. 우선은 효과적인 글쓰기가 무엇인지, 그리고 효과적인 글쓰기가 중요하지만 제대로 인정받지 못한 이유는 무엇인지 명확히 밝히고자 한다.

효과적인 글쓰기에는 명확한 목적이 있다

글쓰기는 중요한 생각을 공유하는 방법이다. 또한 당신이 원하는 대로 타인이 행동하도록 설득하는 방법이기도 하다. 이것은 메모를 읽거나 점심식사 장소를 고르게 하고, 지역행사의 봉사신청을 독려하는 일이 될 수 있다. 글을 효과적으로 쓰면 읽는 사람과 잘 소통할 수 있다. 읽는 사람이 너무 바빠서 읽는 것을 멈추고 가능한 한 빠르게 다음으로 넘어가는 게 목표일 때도 말이다. 만일 상대가 글을 읽지 않는다면, 그 사람의 잘못이 아니다. 그 사람의 관심을 사로잡고 계속 읽게 만드는 것은 글을 쓰는 당신이 할 일이다.

효과적인 글쓰기는 글을 읽는 사람뿐 아니라
쓰는 사람에게도 도움이 된다

우리 대부분 실용적인 이유로 매주 수십 개, 수백 개의 글을 쓴다. 분명 글을 잘 쓸 수밖에 없다. 그렇지 않은가? 그런데 알고 보면, 생각보다 실용적인 글을 그다지 잘 쓰지 못한다. 메시지의 답장을 받지 못하는 일은 제법 흔하고, 혹 답장을 받는다 해도 너무 늦게 오거나 만족스럽지 못하다. 간단히 주고받으면 끝날 일이 복잡해지고 시간을 잡아먹는다. 효과적인 글쓰기 원칙으로 요점을 더 명확하고 빠르게 전달할 수 있다. 나아가 생각했던 일이 실제로 일어나도록 도와준다. 말이 명확해지면 생각도 더 명확해질 수밖에 없다. 생각이 명확해지면 목표에 더욱 집중할 수밖에 없다.

효과적인 글쓰기란 아름다운 글쓰기와 다르다

표현이 풍부한 문학적 글쓰기는 역사가 깊은 기법이지만 지극히 주관적인 것으로, 이를 완벽하게 배우려면 평생이 걸린다. 그래서 문학적 글은 종종 여유시간이 있는데다, 만사 제치고 독서에 심취할 수 있는 사람의 취미로 소비된다. 또한 아름다운 글쓰기는 의도적으로 많은 것을 요구하고 다양하며 복잡하다. 반면 효과적인 글쓰기는 누구든 배울 수 있고 아주 구체적인 목표가 있는 기법이다. 이 목표란 바쁜 사람에게 구체적인 정보를 명확하게 전달하고 쉽게 이해시켜 응답하도록 하는 것이다.

효과적인 글쓰기 법칙에는 엄밀한 과학이 있다

어떤 유형의 글이 가장 아름다운지는 주관적이라 끊임없이 논쟁할 수 있다. 하지만 효과적인 글쓰기는 그만큼 주관적이지 않다. 행동과학에 기반을 둔 명확한 전략이 있고, 이 전략은 효과적으로 글을 쓰는 사람이 되는 방법을 안내한다. 우리는 수백 개에 달하는 연구를 살펴보고, 무엇이 효과가 있는지 직접 조사해서 확인했다. 또한 작가이자 의사소통 전문가로서 살아온 인생에서 교훈을 이끌어 냈다. 이 책은 그 모든 지식을 일련의 원칙에 따라 체계적으로 정리한 것이며, 온갖 실용적인 의사소통에 적용할 수 있도록 구성되었다.

효과적인 글쓰기는 맥락을 고려해야 한다

여섯 가지 효과적인 글쓰기 원칙(그리고 각 원칙과 관련된 규칙)을 적용하면 누구나 더 효과적인 글을 쓸 수 있고 바쁜 사람과 더 분명하게 소통할 수 있다. 원칙의 기반이 된 과학적 사실은 모든 상황에서 동일하게 적용된다. 그러나 원칙을 실행하는 방법은 맥락에 따라 크게 달라진다. 글을 쓰는 사람마다 목소리가 다르고 삶의 경험도 다르다. 글을 읽는 사람이 갖고 있는 기대와 가정, 편견도 다르다. 이 책에서 우리는 현실 세계에서 고려해야 할 다양한 맥락을 알아볼 것이다.

효과적인 글쓰기로 더 나은 삶을 살기

중요한 이메일을 보내고 며칠(혹은 몇 주, 몇 달) 동안 답변을 기다려 본 적이 있는가? 다들 그런 경험이 있다. 의식을 하든 안 하든 간에 바쁜 사람은 항상 한정된 시간을 어디에, 어떻게 쓸지 따져 본다.

우리는 모두 바쁘다. 최근에 여러 단락으로 빽빽하게 쓰인 이메일을 받았던 일을 떠올려 보라. 그 이메일을 읽는 데 시간이 얼마나 걸렸는가? 대체로 몇 초 정도였을 것이다. 최소한 읽으려고 시도했다면 말이다. 바쁜 사람은 복잡한 메시지를 대충 읽거나, 읽기를 미루거나, 아예 무시하는 경향이 있다.

한편, 비효과적인 글 때문에 현실 세계에서 문제가 발생할 수 있다. 때로는 기회를 놓쳐버리는 문제가 발생하기도 한다. 2020년 12월, 에어비앤비Airbnb가 주식시장에 상장했다. 상장을 앞두고 모든 에어비앤비 호스트는 주식을 살 수 있는 이메일 초대장을 받았다.[1] 이메일 초대장은 겉으로 보기엔 평범했고, 제목은 '에어비앤비의 우선배정 주식프로그램Directed Share Program(옮긴이: 상장할 때 일정 수의 주식을 임직원, 고객 등에게 우선 배정하는 프로그램)'으로 그다지 중요해 보이지 않았다. 내용이 특별히 긴박해 보이지 않자 대부분의 호스트가 그 이메일을 무시하거나 제쳐 두었다. 그런데 이메일을 읽고 기회를 잡은 사람들은 1만 5,000달러 이상을 벌어들였다. 바쁜 사람이 어떻게 읽는지 크게 개의치 않은 메시지는 읽히지 않는다는 사실을 에어비앤비와 호스트들은 어렵게 깨달았다.

우리가 막상 글을 쓸 때는 이 당혹스런 현실을 쉽게 잊어버린다. 우리는 글을 읽는 사람도 우리만큼 메시지를 중요하게 여기며 집중할 것이라 믿기 일쑤다.

비효과적인 글 때문에 개인적으로 중요한 정보를 제대로 이해하지 못할 수도 있다. 회사 의료보험제도 변경이나 자녀의 학교행사 같은 정보 말이다. 보통 사람은 이메일, 문자 등과 같은 메시지를 하루에 수십 통, 심지어 수백 통까지 받는다. 그리고 보통 직장인은 이메일을 읽고 답하는 데 근무시간 중 대략 3분의 1을 쓴다.[2] 이 수치는 직장 외에서 받는 다른 메시지는 감안하지 않은 수치다. 바쁜 사람들에게 쏟아지는 정보와 메시지를 처리하는 것은, 끝나지 않는 두더지잡기 게임이나 다름없다. 그래서 건강과 학교에 대한 최신 정보를 못 본 채 넘어가거나, 무심코 삭제버튼을 누른다.

물론 비효과적으로 작성된 글이 읽힐 때도 있다. 그럴 때면 글을 읽는 사람은 가혹한 시간 부담을 떠안게 된다. 최근에 우리 두 사람이 주관했던 한 행사에서 어느 참여자가 이렇게 글을 남겼다. '오늘날 업무 환경에서 장문의 이메일을 보내는 것은 읽는 사람을 존중하지 않는 것이다.' 메시지가 길어질수록 시간 부담은 더 커지기 마련이다. 다른 사람들처럼 당신도 매일 이메일 120통을 받는데, 각 이메일이 세 문단이 넘는 장문이라고 생각해 보라. 세 문단 이상의 글을 읽는 데 걸리는 시간이 평균 2분이니, 이메일을 완전히 읽으려면 매일 4시간 정도가 필요하다. 또는 상황을 뒤집어서, 당신이 120명의 직원들에게 세 문단으로 된 메시지를 보내고 있다고 상상해 보라. 단어 하나하나 심사숙고해서 고르는 당신을 고등학교 시절 선생님이 보신다면 아주 흐뭇해할 것이다. 그런데 직장 동료도 그럴까? 결국 당신이 성실히 정성들여 쓴 메시지는 직원 120명에게 4시간이라는 부담을 지우는 셈이다. 여기서 문단 하나라도 줄인다면, 전체 직원의 80분을 절약할 수 있다.

비효과적인 글은 누구에게나 방해가 된다. 글을 읽고 쓰는 능력이 낮은 사람, 쓰는 언어가 모국어가 아닌 사람, 학습장애가 있는 사람, 직업이 여러 개라 시간이 제한적인 사람, 개인적으로 어려운 사정이 있는 사람, 글을 읽고 이해하는 데 또 다른 심각한 장벽이 있는 사람에게는 더욱 그렇다. 한마디로 효과적인 글이 이해하기 더 쉽고 공정하며 민주주의적이다.

미국의 주민투표 발의안에는 종종 복잡하고 불분명한 언어가 사용된다. 2016년 콜로라도주에서 발생했던 투표 질문도 그랬다.[3]

적법하게 유죄판결을 받은 범죄에 대한 처벌로 선고되는 노예제도와 강제노역은 금지조항에서 예외로 적용되는데, 이 예외조항을 폐지하도록 콜로라도주 헌법을 개정해야만 합니까?

이 발의안에서 찬성하는 투표는 처벌 방식으로 노예제도를 이용하는 데 지지하는 것일까, 반대하는 것일까?(우리 두 사람은 개정을 찬성하는 입장이 곧, 노예제도 이용을 반대하는 입장이라고 생각하지만 사실을 확신하긴 어렵다.) 이제 쓰는 언어가 모국어가 아니거나, 글을 읽고 쓰는 능력이 낮거나, 단순히 투표하기 전에 질문을 읽고 다시 읽고 또다시 읽을 시간이 없는 유권자에게, 이 질문이 얼마나 어려울지 상상해 보라.

대다수의 사람이 무엇을 묻는 것인지 파악하려고 하지 않고, 질문에 대답하는 것을 그냥 포기할 수도 있다. 이것이 바로 2011년 연구에서 발견된 사실이다. 즉, 투표 질문에 복잡한 언어를 사용할수록 유권자가 투표 질문을 건너뛸 가능성이 더 높다는 것이다.[4] 비효과적인 글은 이메일에 답변할 가능성만 줄이는 게 아니다. 선거 결과의 정당성을 놓고 논란을 일으킬 수도 있다.

이 책을 활용하는 방법

효과적인 글쓰기를 위한 조언과 지침이 담긴 이 책은 이 책을 읽을 바쁜 당신에게 직접적인 도움이 되도록 구성했다. 이 책을 최대한 활용하기 위해서는 작성자로서의 목표가 무엇인지 생각해 보고 이 책이 어떤 목적으로 구성되었는지 이해하기를 바란다.

우리 대부분은 적절한 문법, 철자법, 구두법, 산문체를 비롯하여 공식적인 글쓰기에 대한 기본지식을 학교에서 습득했다. 교육과정에 따라 초등학교에서 구성과 흐름, 단어 선택, 어조를 배우기 시작했다. 고등학교에서는 다섯 문단 에세이와 논술 작성법을 배웠다. 물론 대단히 중요한 능력이지만, 학교에서 배웠던 공식적인 글쓰기는 대체로 현실 세계의 실용적 글쓰기와는 관련이 없거나 비생산적이다.

우리 대부분은 실용적 글쓰기를 비공식적으로 배운다. 우리는 어떤 메시지가 즉각적인 대답을 받고 어떤 메시지는 계속 응답이 늦어지는지 경험으로 알고 있다. 사실 적정한 문법과 구두법, 완전한 문장, 적합한 단어 선택은 거의 언제나 유용하다. 그러나 회사 경영진에게 고객 미팅이 어떻게 진행됐는지 다섯 문단으로 된 에세이를 보낸다면, 그들은 읽으려고 하지 않을 것이다. 그 산문이 얼마나 아름다운지는 상관없다. 이렇게 상충하는 스타일, 즉 공식적인 글쓰기와 실용적인 글쓰기는 머릿속에 불편하게 공존하고 있다. 그런데 우리 대부분 이 두 가지를 효과적인 글쓰기로 융합하는 방법을 배운 적이 없다.

윌리엄 스트렁크William Strunk, Jr.가 쓴 훌륭한 고전인《영어 글쓰기의 기본》을 본 따, 글을 잘 쓰는 법을 재활용하는 식의 내용은 이 책에 없다. 또한 지나치게 단순하고 융통성 없는 글쓰기 규칙을 담지도 않았다. 이런 규칙은 (효과적이기보다) 효율적인 글쓰기 방법을 기술한 좀 더 현대적인 책에서 발견할 수 있다. 오히려 우리 두 사람의 원칙은 심리학과 행동과학에서 도출되었고, 여기에 대부분의 사람이 제한된 시간과 집중력을 갖고 있다는 사회적 이해를 접목했다.

효과적인 글쓰기는 바쁜 사람이 글을 읽을 때 어떻게 상호작용하는지에 대한 과학적 이해를 반영하고 있다. 이 책 역시 그 상호작용을 염두에 두고 쓰였다. 우리 두 사람은 과학적 기법을 정리하고 도출하기 위해 인지심리학, 사회심리학, 행동경제학, 신경과학, 커뮤니케이션, 문해력, 교육과 학습, 마케팅, 시간관리 분야 등에서 이뤄진 연구를 검토했다. 또한 어떤 글이 효과가 있는지 이해하고자 공동연구진과 무작위 실험 수백 개를 실행했다.

무작위 실험은 다음과 같다. 다수의 사람으로 구성된 집단을 두 집단으로 나눈다. 참가자 몇몇은 무작위로 선정되어 표준 메시지를 받는다(통제집단'이라 부른다). 나머지 참가자들은 표준 메시지에 특정 변경이나 수정사항이 반영된 메시지를 받는다('실험집단'이라 부른다). 메시지는 각 집단이 질의에 대답하고, 링크를 클릭하며, 행사에 참여하고, 기부하는 등 특정 행동을 하도록 설계한다. 그 후 메시지가 요구하는 내용에 따라 각 집단이 어떻게 행동하는지 관찰한다. 각 메시지를 받는 참여자를 무작위로 선택함으로써 특정 변경사항이 행동에 미치는 영향을 분리한 것이 핵심이다. 이 책에서 제시하는 모든 지침은 이런 유형의 연구에서 도출되었다. 그러나 무작위 실험은 인간 행동의 일반적인 모습만 제시한다. 실험은 집단 성향을 드러내 주지만 개인의 행동까지 예측할 수 없다. 그럼에도 이 실험은 아주 가치 있는 도구로, 현실에서 무엇이 효과가 있는지 이해하려는 연구에서 최적의 기준이 된다.

이 책을 완성하면서, 이런 심리적 통찰력 중 일부를 우리 자신에게 적용하지 않을 수 없었다. 우리 두 사람은 사람들이 더 짧고 효과적인 글을 쓰도록 도와주는 가장 좋은 방법으로 한 권이나 되는 책을 쓰기로 결정했다면서, 종종 농담처럼 말하곤 했다. 가능한 한 간결하게 쓰려고 노력했지만, 여섯 가지 핵심 원칙을 단순 열거하는 것만으로는 완벽하게 내용을 전달할 수 없었다. 간결하게 쓰라고 말하는 간결하지 않은 책이라니, 분명 모순처럼 들릴 것이다. 그래서 책을 건너뛰면서 읽고 싶은 바쁜 당신을 위해 필요한 내용을 쉽게 탐색할 수 있도록 구성했다. 물론 우리는 당신이 책을 처음부터 끝까지 쭉 읽어나가기를 바란다.

이 책을 어떤 방법으로 읽더라도, 유용한 기술과 그 기술을 명료하게 설명하는 과학은 알 수 있도록 했다. 효과적인 글쓰기는 작성자의 목표를 달성하도록 돕는다. 이 책 역시 당신이 어떤 글을 쓰든 당신의 목표를 달성하도록 도울 것이다.

1 적을수록 더 좋다

1. 단어를 더 적게 사용하라.
2. 생각을 더 적게 포함하라.
3. 요청사항을 줄여라.

2 읽기 쉽게 작성하라

1. 짧고 일반적인 단어를 사용하라.
2. 문장을 더 직선적으로 써라.
3. 문장을 더 짧게 써라.

3 탐색하기 쉽게 구성하라

1. 핵심 정보를 바로 알아볼 수 있게 작성하라.
2. 뚜렷이 구별되는 생각은 분리하라.
3. 서로 관련된 생각들은 함께 배치하라.
4. 생각을 우선순으로 배열하라.
5. 부제목을 붙여라.
6. 시각적 표현을 고려하라.

4 서식을 충분히, 과하지 않게 사용하라

1. 글의 서식과 읽는 사람의 기대를 일치시켜라.
2. 가장 중요한 생각에 강조 표시, **볼드체**, 밑줄 표시를 하라.
3. 서식을 제한하라.

5 관심을 가져야 하는 이유를 말하라

1. 읽는 사람이 중요하게 생각하는 것을 강조하라.
   '그래서 어떻다는 거지?'
2. 어떤 사람이 관심을 가져야 하는지 강조하라. '왜 나지?'

6 응답하기 쉽게 작성하라

1. 행동에 필요한 절차를 단순하게 만들어라.
2. 행동에 필요한 핵심 정보를 정리하라.
3. 필요한 주의집중력의 양을 최소화하라.

1부

읽는 사람이
관여하는 글

1장

읽는 사람의
머릿속을 알아보라

"모든 사람들은 왜 그렇게 바쁠까?

시간 빈곤은 인식의 문제이자 분배의 문제다."

- 이코노미스트[1]

"너무 바쁘면 바쁘다는 사실조차 인지하지 못한다."

- 뉴욕타임스[2]

"당신은 왜 항상 시간이 부족해 보이는가?"

- 워싱턴포스트[3]

하루에 시간이 부족한 그 느낌을 아는가? 물론 알고 있을 것이다. 사실 모든 사람들이 알고 있다. 2018년 퓨리서치센터^{Pew Research Center}가 미국에서 실시한 설문조사를 보면, 성인의 60%, 그리고 학부모의 74%가 너무 바빠서 삶을 즐길 여유가 없다고 느낀다.[4] 이는 우리 연구 결과와도 일치하는데, 응답자 중 60%가 통상 한 달 동안 일어나는 모든 일을 처리하기에 자주 시간이 부족하다고 답변했다.[5] 이렇게 시간에 쫓기는 느낌에 시달릴 때, 우리는 흔히 동시에 여러 일을 하려고 노력하는 편이다. 그런데 막상 멀티태스킹을 시도하면, 스트레스는 물론 불안함과 피로감만 훨씬 커진다.

효과적인 글을 쓰려면 글을 읽는 사람 역시 우리 못지않게 매번 시간이 부족하다는 사실을 잊지 말아야 한다. 읽는 사람의 집중을 방해하는 산만함은 읽는 대상과 읽는 방법에 모두 영향을 미친다. 따라서 바쁜 사람을 대상으로 글 쓰는 법을 배우려면 바쁘게 돌아가는 그의 뇌 속에서 무슨 일이 벌어지고 있는지 알아야 한다.

우리는 제한된 시간 속에서 살고 있다. 그래서 매순간, 특히 바쁠 때는 트레이드 오프^{trade-offs} 관계, 즉 상충관계를 거칠 수밖에 없다. 어떤 일에 시간을 더 쓰려면 반드시 다른 일에 시간을 적게 써야 하는 것이다. 우리는 메일함에 쌓인 읽지 않은 메일 수십 통을 열어보고 회신하거나, 제쳐 두고 헬스장에 갈 수 있다. 그러나 그 두 가지 일을 동시에 할 순 없다. 아니면 불만족스럽지만 절충안을 마련할 수도 있다. 주어진 시간의 절반 동안 읽지 않은 메일에 회신하고, 남은 절반의 시간은 힘을 쥐어짜서 운동하는 데 쓰는 것이다. 시간을 어떻게 쓸지 끊임없이 벌이는 경쟁이, 우리가 의사소통에 관여하는 능력에 영향을 미치는 셈이다.

우리는 제한된 시간 속에서 살고 있을 뿐 아니라, 제한된 주의집중력을 가지고 있다. 이 유한한 인지능력 때문에 세상을 탐색하는 방식에 제약을 받는다. 우리는 동시에 많은 일에 능동적으로 집중할 수 있다고 확신한다(실제로 우리 둘 다 이 책을 쓰는 동안 그러려고 노력했다). 하지만 그러고 싶을 뿐, 사실이 아니다. 주의집중력에는 본래 한계가 있다. 심리학자 조지 밀러George Miller의 대표적인 연구에 따르면, 우리가 동시에 수용할 수 있는 구체적인 정보에는 분명한 한도가 있으며, 이는 대략 7개 전후로 5개에서 9개 수준이다.[6]

다행인지 아닌지 우리는 일상에서 이런 인지적인 한계를 거의 알아채지 못한다. 분주한 시내도로를 운전할 때 무슨 일이 일어나는지 한번 생각해 보라. 교통사고(그리고 과태료)를 피하려면 신호등과 다른 차량, 보행자, 자전거 타는 사람들을 비롯해서, 인근에서 들리는 사이렌 소리, 제한 속도, 움푹 파인 도로, 교통 법규까지 동시에 주의를 기울여야 할 세부사항이 너무 많다. 물론 이 밖에도 신경 쓸 일은 훨씬 많다. 운전을 배울 때 이런 모든 장애물을 잘 피해가려면 엄청난 주의력과 집중력이 필요하다. 그러나 운전연습을 하다 보면 그 과정을 기계적으로 하게 되어, 대부분 성인은 분주한 시내 한복판에서도 크게 의식적으로 노력하지 않고도 운전을 할 수 있다.

그런데 기존 몇몇 연구를 보면 멀티태스킹은 가장 숙련된 운전자의 능력도 떨어뜨리는 경향이 있는데, 이를 운전 중 주의분산행위 distracted driving라고 한다. 몇몇 심리학자는 운전 중에 전화통화를 하는 것이 음주운전만큼이나 위험하다고 말했다.[7] 이렇게 동시에 일을 처리하지 못한다는 사실이 좀 이상하게 들릴 것이다. 대부분의 성인은 숙련된 운전자이자 전화통화에 능숙한 사람들이니까 말이다. 이 정도 두 가지 일을 하는 건 당연히 쉬운 일 아닌가? 그렇다면 뇌가 익숙한 두 가지 일을 동시에 처리할 수 없는 이유는 무엇일까?

앞서 말했듯, 우리의 주의집중력에 한계가 있기 때문이다. 뇌 연구자들이 파악한 주의집중력에는 다양한 형태가 있는데, 여기서 살펴보려는 주의집중력은 현재 상황을 인지하고 방향을 설정하여 한정된 인지자원에 집중하는 데 쓰는 힘이다.[8] 운전하는 동안 구급차 사이렌 소리를 듣거나 열중해서 강의를 수강하고 긴급한 업무 메일을 읽고 답변하는 것처럼, 뇌의 주의집중력 시스템은 여러 가지 일에서 주의를 기울일 대상을 선택한다. 뇌의 처리 능력에 한계가 있다는 말은 주의집중력 시스템 역시 한계가 있다는 사실을 뜻한다.

바쁘게 돌아가는 뇌의 처리 능력에 한계가 있다는 사실은 다음과 같은 세 가지 의미가 담겨 있다. 이는 우리가 읽는 대상과 방법을 비롯해서 외부세상과 소통하는 방식에 중대한 영향을 미친다.

- 우리 눈앞에 있는 모든 것을 인지하거나 처리할 수 없다.
- 시간이 흐르면서 집중력이 떨어질 수 있으며, 집중력이 떨어지는 속도는 우리의 예상보다 훨씬 빠르다.
- 동시에 여러 가지 일에 집중하기가 힘들어도, 우리는 여전히 집중하려고 노력한다.

인지하는 정보와 인지하지 못하는 정보

우리는 언제나 뇌가 처리할 수 있는 것보다 더 많은 정보에 노출되곤 한다. 분주한 시내 한복판을 운전하거나 라이브 콘서트를 보고, 또는 줌으로 업무 회의를 할 때도 마찬가지다. 우리 뇌에는 우리가 이런 과도한 정보 속을 항해하도록 필터 역할을 하며 도와주는 주의집중력 시스템이 있다. 즉, 주의집중력 시스템은 우리가 인지하고 집중해야 할 정보와 우리 의식에서 전적으로 숨기거나 배제할 정보를 선택한다.[9] 예를 들어 시내를 운전할 때 주의집중력 시스템은 주변에서 일어나는 모든 상황을 걸러내면서 교통사고 위험을 사전에 인지하도록 도와준다. 그래서 운전 중에는 다른 사람들이 쇼핑하거나 인도에서 대화하는 모습을 인지하지 못하는 것이다.

주의집중력 시스템에 한계가 없다면 우리 삶은 지나친 정보에 압도되고 말 것이다. 세상이 안정적으로 유지되기 위해서 뇌는 끊임없이 쏟아지는 온갖 정보(시각, 소리, 물리적 감각, 감정, 생각)를 평가하고, 필터를 통해 중요하거나 관련 있는 정보를 선택한다. 선택 과정은 무의식적으로 일어나기도 하고, 의도적으로 방향을 직접 설정할 수도 있다. 바로 지금, 이 문장을 읽을 수 있는 것도 주의집중력 시스템이 외부 소음이나 움직임을 은밀하게 걸러내고 있기 때문이다. 그런데 누군가 다가와 당신 이름을 부르기라도 하면, 선택적 주의집중력selective attention이 작용하여 바로 이 문장에서 눈을 떼고 소리 나는 쪽으로 관심을 돌릴 것이다.

선택적 주의집중력은 글을 읽는 사람이 모든 형식의 글과 상호작용힐 때, 시각적으로 무엇을 인지하고 어디에 집중해야 할지 알려준다.[10] 선택적 주의집중력이 어떻게 작용하는지 보려면, 다음 문단을 읽기 전에 재빠르게 아래 그림을 살펴보라.[11]

맨 처음 눈에 들어오는 것이 무엇인가? 아마도 놀이터일 것이다. 오른쪽 하단에 돗자리를 깔고 앉아 있는 가족 4명, 자동차, 또는 자전거를 타는 사람이 눈에 들어왔을 것이다. 대답이 무엇이든, 선택적 주의집중력이 작용한 결과다. 뇌는 이처럼 상세한 그림에 나타난 시각 정보를 즉시 한 번에 모두 인지하여 처리할 수 없다. 그래서 뇌는 여러 가지 지름길을 이용한다. 어떤 지름길을 이용할지는 사람과 시간, 맥락에 따라 다양하지만, 거의 보편적으로 사용되는 두 가지 지름길은 다음과 같다.

지름길 #1: 대체로 우리는 배경과 시각적으로 강력하게 대비되는 요소를 가장 빠르게 인지한다. 직접 확인해 보라. 아래에 있는 수정

된 그림에서 맨 처음 눈에 들어오는 것이 무엇인가?

곧바로 그림 중앙에서 강아지와 산책하는 사람을 봤을 것이다. 그것이 나머지 그림 부분과 시각적으로 대비되기 때문에 자동적으로 뇌의 집중을 사로잡은 것이다. 밤하늘을 바라보기만 하면 노력하지 않아도 보름달을 볼 수 있는 것과 동일한 현상이다. 우리 뇌는 주변 환경에서 눈에 띄는 것을 저절로 알아차리도록 진화했다. 이 것은 많은 종에서 기본적으로 나타나는 시각적 특징으로, 아이부터 12 외양간올빼미13까지 광범위하게 입증되었다. 이는 사람이 글을 통한 의사소통에 어떻게 접근하는지 강력한 의미를 내포한다.

지름길 #2: 선택적 주의집중력은 의도적으로 목적을 갖고 방향을 설정할 수 있다. 앞에서 봤던 첫 번째 그림으로 돌아가서, 이번에는 *벤치에 앉아 있는 사람을 찾아 보라.* 닥치는 대로 그림 전체에 시선을 왔다 갔다 하며 찾아보진 않았을 것이다. 산책길에 있는 벤치를 빠르게 훑어보기 시작하여, 사람이 앉아 있는 벤치를 쉽게 찾았을 것이다. 또한 아주 가까이 바라보면, 목줄을 착용한 강아지를 데리고 있는 것도 볼 수 있다. 특정한 요소를 찾을 때 주의집중력 시스템은 효과적으로 그리고 빠르게 찾을 수 있도록 도와준다.

그러나 어떤 요소를 인지하는 과정에서 다른 요소를 놓치는 경우가 있다. 종종 놓쳤다는 사실조차 깨닫지 못한다. 그림을 세 번 볼 동안, 운동장 왼쪽 구석에 있는 정육각형 4개와 삼각형 1개 구조로 쌓여 있는 놀이시설을 인식했는가? 우리(저자들)는 그림을 처음 몇 번 볼 때까지도 인지하지 못했는데, 당신 역시 그렇지 않을까 생각한다. 벤치에 앉아 있는 사람보다 그 놀이시설이 시각적으로 훨씬 눈에 띄었으나, 선택적 주의집중력이 작용하지 못했기 때문이다(적어도 지금까지는 말이다). 그래서 그림 속 놀이시설은 눈앞에서 가려진 채 인지되지 못한 것이다.

뇌과학 연구에 따르면, 뇌는 시각적 자료에서 특정 항목만을 인지하려 할 때 다른 항목은 인지하지 못하게 적극적으로 억누른다.[14] 그 결과 우리가 찾고 있지 않는 것은 인지하지 못한다. 즉, 뇌는 본래 관련 정보에 모든 신경을 집중하는 경향이 있으며, 이는 효과적인 글쓰기에서 알아야 할 중요한 사실이다.

우리가 집중하는 대상

선택적 주의집중력은, 우리가 대상을 보거나 듣거나 읽거나 상관없이 주목해야 할 것을 먼저 인지하도록 돕는다. 그러면 뇌의 주의집중력 시스템은 정신적 자원을 집중시킬 방향을 설정하고 관리한다.[15]

그림으로 돌아가 계속 연습해 보자. 나무가 몇 그루 보이는가?

당신은 그림을 보고 나무에 시각적 주의집중력을 사용하고, 그

후 나무를 체계적으로 세는 데 정신을 집중하였을 것이다(정답은 6개다). 필요하다면 뇌는 완료할 때까지 작업에 집중할 수 있다. 심지어 뚜렷한 이유 없이 그림에 있는 나무를 세는 것처럼 지루한 일이라도 말이다. 이때, 뇌의 능력이 많이 소모된다. 특히 우리가 복잡하거나 어려운 업무에 집중하고 있을 때 더욱 그렇다. 뇌의 제한된 처리 능력 때문에 동시에 모든 것에 집중할 수 없다. 결국 주의집중력 시스템은 무엇을 인지할지 다음으로 얼마나 오래 집중할지 선택해야 한다.

집중해서 나무를 세는 동안 자전거와 스쿠터, 스케이트보드를 타는 사람의 수를 세지 못했을 것이다. 지금 하고 있는 작업과 관련이 없는 정보는 뇌가 무시해 버린다. 선택적 주의집중력이 놀이터에 있는 육각형과 삼각형 놀이시설을 인지하지 못하도록 방해한 것과 마찬가지다. 관련 없는 정보를 무시하는 뇌의 능력은 꽤 강력해서, 재미있는 상황이 일어나기도 한다. 널리 인용되는 1999년 연구를 한번 살펴보자. 하버드 연구진은 실험 참가자들에게 1분짜리 영상에서 농구공의 패스 횟수를 세는 데 집중하라고 요청했다.[16] 영상이 절반쯤 상영됐을 때, 고릴라 복장을 한 사람이 영상 속에서 어슬렁거리며 지나갔다. 그러나 영상을 보던 사람 중 거의 절반이 한가로이 걷는 고릴라를 인지하지 못했다.

무언가에 집중한 우리는 정신적 과부하를 피할 순 있지만, 주의집중력 시스템의 약화는 막을 수 없다. 집중력은 장시간 또는 한 가지 작업에 아주 강력하게 집중할수록 떨어진다. 이는 초등학생이 쉬는 시간을 갖고 작성자가 휴식시간을 갖는 이유다. 주의집중력의 방향을 설정하고 통제하기란 어렵고 지루한 일이다. 하루 종일 학교에서 생활하거나 극심한 노동을 해야만 주의집중력 시스템의 자원이 고갈되는 게 아니다. 뇌는 예상보다 훨씬 빨리 피로해진다.

심리학자 브랜던 슈마이켈Brandon Schmeichel과 연구진은 참가자 집단에게 6분짜리 인터뷰 영상을 보도록 요청했다.[17] 참가자들이 영상을 보는 동안 화면에는 인터뷰와 관련 없는 단어들이 스쳐 지나갔다. 참가자 절반에게는 원하는 무엇이든 자유롭게 집중하라고 말했다. 나머지 절반에게는 관련 없는 단어를 보지 말라고 말했다. 뇌의 선택적 주의집중력은 휙 스쳐 지나가는 단어에 반사적으로 집중하는 경향이 있다(배경과 현저하게 대비되기 때문이기도 하다). 그래서 그 단어를 무시하려면 상당한 집중력과 통제력이 필요할 터였다.

이후 연구진은 참가자가 주의집중력을 사용함으로써 뇌가 얼마나 지쳤는지 시험하기 위해 영상과 관련 없는 두 가지 후속 작업의 성과를 측정하였다. 첫 번째 작업은 대학원 입학시험에 출제된 것으로, 장문의 어려운 독해시험이었다. 주의집중력을 통제하여 영상에 스쳐 지나가는 단어를 적극적으로 무시했던 참가자는 나머지 참가자보다 시험점수가 20%나 저조했다. 앞서 수행했던 작업으로 참가자의 집중력이 떨어진 게 분명했으며, 결국 에세이를 읽고 어려운 질문에 대답할 수 있는 수준이 저하되었던 것이다.

또한 주의력을 집중시키는 능력은 *신체적으로* 어떻게 느끼는지에 따라 영향을 받는다. 이는 뇌의 주의집중력 시스템이 저하되는 것과는 다르다. 몸이 피곤하면 집중하는 것이 훨씬 어렵다. 다들 알다시피, 우리는 고된 하루가 끝날 무렵이나 오랜 운동 후에, 또는 잠을 거의 못 잔 후에 집중력을 상실하는 경향이 있다.[18] 훈련을 잘 받은 운동선수조차 체력이 소모된 후에는 주의집중력과 의사결정력이 손상된다.[19]

주의가 산만해지고 방해를 받으면 집중을 유지하기가 어렵다. 일정이 자유롭고 지칠 줄 모르는 호기심을 가졌다 해도, 앉은 자리에서 이 책을 처음부터 끝까지 읽을 수 있는 사람은 극히 드물다. 마음은 쉽게 방황한다. 문자메시지나 인스타그램 게시물 같은 짧은 글을 읽을 때도 마찬가지다. 최근 한 연구를 보면, 사람들은 읽으려고 애쓰는 동안에도 그 시간의 3분의 1을 딴생각으로 보낸다. 특히 복잡한 글을 읽을 때 딴생각으로 빠질 가능성이 훨씬 크다. [20]

일단 주의가 산만해지면 다시 집중하는 것이 어렵다. 캘리포니아 대학교 어바인 캠퍼스의 정보과학자 글로리아 마크Gloria Mark에 따르면, 직장인이 방해를 받은 후에 다시 완전히 업무에 집중하기까지 평균 23분이 걸린다. [21] 물론 말할 필요도 없이, 이 사실은 우리가 무슨 일을 하든지 업무 결과에 영향을 미친다. 카네기멜론대학에서 진행한 또 다른 연구를 보면, 독해시험을 보는 동안 전화로 방해를 받으면 시험성적이 20% 떨어진다. [22] 바쁜 사람을 대상으로 효과적인 글을 쓰려면, 그들이(그리고 우리 모두) 얼마나 쉽게 지치고 주의가 산만한지 기억해야 한다.

동시에 여러 작업을 처리하는 방법

뇌의 인지력과 집중력 한계는 행동의 한계로 이어질 수밖에 없다. 아무리 아이디어가 매력적이라도, 할 일이 너무 많고 시간과 주의 집중력이 부족한 문제를 멀티태스킹으로 해결할 수 없다. 엄밀히 말해서, 정확히 동일한 시간에 두 가지 작업을 생각하는 것 자체가 불가능하다. 우리가 '멀티태스킹을 한다'고 할 때 실제로 하고 있는 일은 각 작업 사이를 빠르게 전환하는 것이다. 이 과정에서 인지적

비용이 크게 발생한다. 작업 사이를 오가며 전환하면 한 번에 한 가지 작업을 처리할 때보다 작업 속도가 더 느리고 중요한 사항을 놓칠 가능성이 더 크다. 또한 작업에서 다른 작업으로 옮길수록 집중력이 더 빠르게 소진된다. 이는 새롭게 발견한 통찰이 아니다. 기원전 1세기 고대 로마 작가인 퍼블릴리어스 사이러스Publilius Syrus는 이런 말을 남겼다. "한 번에 두 가지 일을 하는 것은 아무 일도 하지 않은 것과 같다."[23] 현대 연구도 유사한 결론에 도달했다. 즉, 동시에 여러 작업을 시도하면 모든 일에서 효율성이 떨어진다.[24]

이런 사실에도, 우리(저자들)는 멀티태스킹을 하려고 애쓰면서 더 나은 결과를 얻길 바란다. 물론 우리만 그런 건 아니다. 직장인 대상 어느 설문조사에 따르면, 63%가 동시에 두세 가지 작업을 꽤 자주 하고 있다.[25] 우리가 직접 시행한 설문조사에서도 응답자 중 50%가 지난주에 멀티태스킹을 한 경우가 '자주' 있다고 답변했다.[26]

멀티태스킹, 좀 더 정확하게 작업 전환task switching은 바쁘고 복잡한 세상을 헤쳐나가는 데 꼭 필요하다. 제한 시간 동안 소스를 만들면서 파스타를 젓고, 식탁을 차리면서 자녀의 숙제 질문에 대답할 수 있다면, 삶이 더 수월해지지 않겠는가. 그런데 사람들이 단지 바쁘다는 이유 하나로 동시에 많은 작업을 하려고 애쓰는 건 아니다. 멀티태스킹을 현재보다 더 잘할 수 있다고 생각하기 때문이기도 하다. 핵심은, 명확한 기준점anchor point이 있을 때 정신이 가장 효과적으로 작용한다는 사실이다. 그 기준점이란 인지하고 있는 것, 집중하고 있는 것, 대응해야 하는 작업이다. 이런 한계를 고려하여 글을 쓴다면 바쁜 뇌를 가진 사람과 더욱 잘 소통할 수 있다.

동시에 두 가지 작업에 (효과적으로) 집중하는 일이 얼마나 어려운지 모의실험하기 위해 또 다른 연습을 직접 해 보자. 다음 각 단어에 적용된 서식의 유형을 소리 내어 말해 보라.

이탤릭체

볼드체

궁서체

<u>밑줄 표시</u>

강조 표시

다음 각 단어에 적용된 서식의 유형을 소리 내어 말해 보라.

<u>강조 표시</u>

이탤릭체

볼드체

밑줄 표시

궁서체

첫 번째 단어 목록과 비교하여 두 번째 목록을 읽을 때 훨씬 더 노력해야 했고 시간도 조금 걸렸으며 한두 개쯤 실수하진 않았는가? 서식을 확인하려면 글자에 주의력을 집중해야 한다. 단어가 단어에 적용된 서식과 일치할 때(예를 들어 '*이탤릭체*'), 읽기 활동은 비교적 쉽고 빠르게 이뤄진다. 그러면 별다른 노력 없이 단어를 읽을 수 있다. 그러나 단어가 서식과 일치하지 않을 때(예를 들어 '이탤릭체'), 읽기 활동이 훨씬 어려워진다. 바로 스트룹 효과Stroop effect 때문이다.

스트룹 효과는 두 가지 인지 작업에 동시에 집중하는 것이 얼마나 어려운지 보여 준다.[27] 적힌 단어와 단어에 적용된 서식이 일치할 때는 인지 작업이 한 가지다. 서식의 유형을 확인하고 그 서식명을 말하는 것은 한 가지 작업이자 동일한 작업이다. 그러나 단어와 서식이 불일치할 때, 뇌는 동시에 두 가지 인지 작업을 처리해야 한다. 여전히 서식을 확인하고 유형을 말하는 것이 주요 작업이나, 방금 읽은 단어를 말하려는 충동을 억누르는 두 번째 작업이 존재하는 것이다.

멀티태스킹(더 정확하게 빠른 작업 전환)으로 발생하는 정신적 충돌은 현실 세계에서 심각한 결과를 가져올 수 있다. 버틀러대학의 연구진과 제약 회사 일라이릴리Eli Lilly는 약사가 일을 하는 동안 질문을 받으면 처방전을 완성하는 데 시간이 더 오래 걸리고 실수도 더 많이 저지른다는 사실을 발견했다. 멀티태스킹 때문에 일처리 속도가 늦어지고 중요한 세부사항을 놓치는 것이다.[28] 운전하는 동안 문자 메시지를 주고받는 일은 훨씬 더 치명적이다. 미국 정부의 통계를 보면, 매년 이런 위험한 습관 때문에 수천 명이 도로에서 목숨을 잃는다.[29] 그럼에도 일부 추정에 따르면, 운전자 22%가 매일 멀티태스킹을 한다.[30]

오늘날에는 사실상 글을 읽는 사람 대다수가 바쁘다. 바쁜 사람들을 대상으로 글을 쓸 때마다, 그들이 스트레스와 주의산만으로 가득 찬 모습이 그려진다. 효과적인 글쓰기는 바쁜 뇌가 가진 타고난 한계를 고려하여, 글을 읽는 사람에게 주는 스트레스를 최소화한다. 그래서 효과적인 글쓰기는 유용하면서 친절한 방식이다.

2장

바쁘게 읽는
사람처럼 생각하라

글을 읽을 때 뇌 속에서 무슨 일이 일어나는지 깊이 이해한다면 어수선함과 소음을 돌파하는 것이 얼마나 어려운지 알 수 있다. 다행히도 어떻게 시작해야 할까 고민할 필요는 없다! 우리는 (개인적 통찰력을 포함하여) 많은 전문가적 경험과 학술 연구를 기반으로 입증된 지침을 도출했기 때문이다.

제한된 시간과 주의집중력은 바쁜 사람이 글을 읽는 방법에 영향을 미친다. 효과적인 글을 쓰는 첫 단계는 이 영향을 이해하는 것이다. 그래야만 머릿속 아이디어가 다른 사람의 머릿속에서 자리를 잡을 것인지 결정짓는 기본 관문을 통과할 수 있다. 기본 관문이란 읽는 사람이 받은 메시지를 읽을 것인지, 언제 읽을 것인지, 얼마나 주의 깊게 읽을 것인지를 결정하는 필터를 뜻한다.

글로 의사소통할 때 우리는 다음과 같은 4단계 과정을 거친다. 이는 이메일이나 문자메시지, 슬랙 메시지, 소셜 미디어 게시물처럼 짧은 글일 때도 마찬가지다.

- 1단계: 글을 통한 의사소통에 관여할지 결정한다.
- 2단계: 관여하기로 결정했다면 관여할 시기를 결정한다. 때로는 그 시기를 나중으로 미루는 경우가 있다.
- 3단계: 관여한다면 메시지를 읽는 데 배분할 시간과 주의집중력을 결정한다.
- 4단계: 응답을 요구하는 글을 읽는다면 응답하거나 대응할지 결정한다.

이런 결정은 종종 거의 순간적으로 그리고 대체로 무의식적으로 이뤄진다. 즉, 단계별로 신중하게 생각하지 않는 편이다. 눈을 깜빡하는 짧은 시간 동안 일어나지만 정신적인 소모량은 엄청나다. 효과적인 글을 쓰는 사람으로서 할 일은, 그 짧지만 어려운 과정에 포함된 네 가지 중요한 단계를 각각 탐색하는 것이다.

1단계: 관여할지 결정하기

우리는 메시지를 받자마자 시험대 위에 올린다. '이 메시지에 시간

을 쓸 가치가 있을까? 굳이 이 메시지를 읽어야 할까?'

경제학자들은 이러한 의사결정 유형을 기대효용 최대화expected utility maximization라 설명한다. 여러 대안을 놓고 의사를 결정할 때, 사람들은 가능한 모든 대안별로 기대비용과 기대이익을 따진다. 그 다음에 기대이익은 최대화하고 기대비용을 최소화하는 대안을 선택한다. 사람들은 시간을 소중히 여기기 때문에, 관여하기 위한 최저 기준이 꽤 높기도 하다. 실제로 직장인 약 1,800명을 대상으로 시행한 최근의 설문조사를 보면, 그들은 받은 이메일 중 절반을 읽지도 않고 삭제했다.[1]

인지적 관점에서 보면 참으로 충격적인 결과다. 바쁜 사람들은 평상시에 메시지를 읽어보지도 않고 그 가치를 결정한다니! 그런데 제한된 정보로 찰나에 판단을 내리는 사람은 직장인뿐만이 아니다. 우리 모두 기본적으로 동일하게 의사결정을 한다. 즉, 정신적 지름길mental shortcuts을 이용하여 의사결정을 단순화한다.

의사결정 연구자들은 이 정신적 지름길을 휴리스틱스heuristics라 부른다. 이 책에서는 간단히 경험법칙rules of thumb이라 부르겠다. 흔한 경험법칙 중 하나는, 대안이 많을 때 절대적인 최적의 대안을 찾으려고 노력하기보다 충분히 좋아 보이는(때로는 이른바 '만족스러운') 첫 번째 대안을 고른다는 것이다. 넷플릭스에 볼 수 있는 영화가 얼마나 많은지 생각해 보라. 이용할 수 있는 모든 콘텐츠 중에서 가장 큰 즐거움을 주는 작품을 찾으려면 수일이 걸릴 것이다. '충분히 좋은 것을 선택하는' 규칙은 작업시간을 1~2분으로 줄여 준다. 경험법칙은 넷플릭스 콘텐츠를 선택하고 메일함을 확인하는 것처럼, 복잡하고 정보가 풍부할 때 의사결정을 내리는 데 도움이 된다.

글을 읽는 사람은 엔벨로프envelope를 보고 의사소통의 가치를 추정한다. 엔벨로프는 사전적 의미처럼 '봉투'에 적힌 손쉽게 이용할 수 있는 정보로, 소통의 내용을 암시하는 역할을 한다.[2] 이메일에서 엔벨로프는 발신자나 제목이 될 수 있다. 사무실 메모에서는 제목이, 전통적인 편지에서는 발신자 주소나 봉투의 양식 그 자체가 엔벨로프가 될 수 있다(실제로 우리는 책 표지를 보고 책을 판단하곤 한다). 글을 읽는 사람은 이런 단서를 읽고 경험법칙을 적용하여 관여할지 결정한다. 우리는 친구나 가족처럼 가까운 사람에게서 온 메시지를 우선시한다. 반대로 모르는 번호로 온 메시지는 무시하곤 한다. 특히 이용할 수 있는 남은 단서를 보고 메시지가 자신과 무관해 보인다면 더욱 그렇다.

바쁜 사람이 메시지를 받고 기대되는 이익을 추정하는 것은 관여여부를 결정짓는 계산에서 절반에 불과하다. 기대이익 외에 관련 비용, 즉 관여하는 데 드는 시간과 노력을 고려해야 한다.

짧고 쉬운 메시지를 선호하는 현상은 당연하다. 그렇지만 시간과 집중력이 거의 없는 바쁜 사람은 근시안적이고 때로는 비논리적이기까지 하다. 그들은 미래보다 현재를 크게 우선시하는 경향이 있다. 다음 주부터 돈을 저축하거나 다이어트, 또는 운동을 시작하겠다고 결심하지만 막상 다음 주가 되면 또다시 다음 주에 시작하기로 결심한다. 우리 모두 마찬가지다. 우리 대부분 현재 즐겁고 재미있으며 쉽고 만족스러운 것을 선호하고, 즐겁지 않고 더 어려운 것은 다음으로 미루고 싶어 한다. 결국 소요 비용은 동일하지만, 지금 당장 비용을 지불하지 않아 이득을 보고 있다고 느끼는 것이다.

2단계: 관여할 시기를 결정하기

비용 측면에서 넷플릭스 실문을 다시 얘기해 보자. 영화를 선택할 수 있는 폭넓은 대안을 두어 가지로 줄였다고 생각해 보라. 지금 당장 어느 것을 볼지 어떻게 선택하겠는가? 우리가 보고 싶은 영화는 종종 두 가지 범주로 나뉜다. 화려한 액션이나 로맨틱 코미디처럼 재밌을 것 같아서 보고 싶은(보기를 원하는) 영화와, 상을 받은 다큐멘터리나 외국영화처럼 교육적이거나 좋은 작품이라고 생각해서 봐야 한다고 느끼는 영화다.

우리가 동료 연구진과 함께 수행한 연구를 보면, 사람들은 '좋은' 대안에 관심을 갖기 전에 더 재미있는 영화를 보는 경향이 있다.[3] 또 다른 연구에서는 직업적인 맥락에서 '원하는 것'과 '해야 하는 것'의 의사결정을 검토했는데, 사람들은 더 어렵고 즐겁지 않은 작업은 시작하기도 전에 미루려는 경향이 있는 것으로 나타났다.[4] 쉬운 작업과 어려운 작업을 동시에 해야 할 때, 사람들은 일반적으로 쉬운 작업부터 처리한다. 어려운 작업을 먼저 하면 금전적 인센티브를 준다고 해도 그 패턴은 여전히 유효하다.[5]

실제로 우리는 가끔 지금 당장 재미있는 것을 즐기기 위해 기꺼이 가격을 지불하기도 한다. 한 연구에서, 사람들에게 '지금 당장 100달러 받기'와 '일주일 후에 101달러 받기' 중에 어느 것을 선호하는지 물었는데, 대부분의 사람이 지금 당장 100달러 받기를 선택했다.[6] 일주일 뒤에 추가로 1%를 얻는 것은 1년 뒤에 68%의 이자를 얻는 것과 같다. 그럼에도 실험 참가자는 대체로 추가적인 돈을 얻고자 일주일을 더 기다리는 일은 하지 않았다.

우리는 현재를 위해 미래의 이익을 포기하는 것처럼, 불쾌한 일을 나중으로 미루려고 기꺼이 비용을 감수하기도 한다. 학생을 대상으로 설문조사를 진행한 결과, 참가자들은 지금 당장 30분간 앉아 있는 것보다 일주일 뒤에 31분간 교통 체증에 앉아 있는 것을 더 선호했다. 미루는 대가로 추가 1분의 불쾌함을 지불해야 한다는 사실을 알면서도 말이다.[7] 글을 읽는 행위가 불쾌하고 강행군처럼 느껴진다면, 장담컨대 사람들은 그 일을 나중으로 미룰 것이다.

미래보다 현재를 우선시하는 우리의 경향은 타고난 특성이다. MRI를 이용한 연구에 따르면, *지금* 바람직한 대안을 고려할 때 즉각적인 보상과 관련된 뇌의 특정 부분이 활성화되지만, *나중에* 바람직한 대안을 고려할 때는 대체로 그 부분이 멈춰 있다.[8] 유사한 행동이 인간 발달 주기에서 관찰되었고, 쥐와 침팬지, 새 등을 포함

한 다른 동물 종류에서도 관찰되었다.[9]

이와 같은 모든 비용과 이익 계산은 의사소통에 관여하는 방식과 직접적으로 관련 있다. 바쁜 사람들은 쉽고 빠르게 처리할 수 있다고 생각하는 메시지를 우선시할 가능성이 크다. 그런 메시지가 더 즐거운 것처럼(적어도 덜 끔찍한 것처럼) 보이기 때문이다. 거꾸로 말하면, 그들은 시간이 소요되는 장문 메시지는 피하고 미래로 미루려 한다. 우리가 시행한 설문조사 결과에도 같은 현상이 나타났다. 우리 강의에서 직장인 99%가 더 어려워 보이는 메시지보다 처리하기 더 쉬워 보이는 메시지에 먼저 응답한다고 말했다.[10]

3단계: 관여하는 방식을 결정하기

스포일러: 모든 사람은 훑어본다.

바쁜 사람은 글을 읽을 때 가능한 한 적은 시간과 주의집중력을 들여 가능한 한 더 많은 가치를 끌어내고자 한다. 그래서 언제나 한 줄 한 줄 연속적으로 읽어 내려가지 않는다. 목표에 맞춰 다양한 방법으로 읽는다. 어떤 장은 자세히 읽고, 어떤 장은 훑어보고, 또 다른 장으로 이동하여 관련 있다고 생각하는 특정 정보를 찾기도 한다. 경제학의 언어로 보면, 바쁜 사람은 메시지를 읽는 데 사용하는 시간의 가치가 다른 일에 시간과 주의집중력을 사용했을 때 이익보다 더 큰지 계속 따지며 기대효용을 극대화한다.

그렇다고 글을 읽는 사람이 의도적으로 '그래, 나의 기대효용을 극대화할 시간이야!'라고 생각하진 않는다. 글이 지루해질 때나 주의력이 분산될 때 그냥 옮겨간다. 의식적인 집중은 계속해서 분산될 위험에 처한다. 메시지를 읽는 몇 초 동안 가치 있는 정보를 많이 얻을 수 있지만, 곧 효용 체감diminishing returns의 지점에 도달한다. 그래서 추가로 주의집중력을 몇 초간 더 사용해도 도출되는 정보는 더 감소하는 경향이 있다. 일단 메시지의 요지를 짐작했다면 더욱 그렇다. 그때부터 읽는 시간의 가치가 점차 줄어든다. 바쁜 사람은 딴 곳으로 옮겨가는 임계점이 낮다. 읽는 데 추가로 소요되는 시간의 기대가치가 다른 일의 가치보다 낮아지면 읽기를 멈춰 버린다.

효용을 얻을 목적으로 읽는 것은 일반적으로 효율적인 전략이다. 가능한 한 적은 시간과 주의집중력을 쏟으면서 최대한 많은 정보를 도출하려는 전략이니 말이다. 그런데 여기에 문제가 있다. 어떤 메시지의 가치는 전체를 완전히 읽고 나서야 알 수 있기 때문이다. 즉, 전체는 각 부분의 합보다 더 커질 수 있다.

당신이 친구에게서 이메일 1통을 받았다고 생각해 보자. 친구는 이메일로 필라델피아 이글스의 미식축구 경기를 보는 동안 겪었던 유쾌한 만남을 이야기했다. 그는 링컨파이낸셜필드Lincoln Financial Field 밖 주차장에 있었고, 호기스hoagies(옮긴이: 긴 롤빵에 치즈·채소가 듬뿍 들어간 샌드위치)를 먹으며 친구들과 그간의 밀린 얘기를 하고 있었다. 마침 어느 노부부가 걷고 있었는데, 그들은 이글스의 수비수와

올해에 우승을 차지할 수 있는지에 대해 대화를 시작했다. 몇 분 후에 당신 친구가 경기장으로 막 들어가려고 하는데, 알고 보니 그 노부부는 바로 당신의 부모! 그 주에 우연히 애리조나주에서 왔다고 하셨단다. 6만 5,000명이나 되는 팬들 중에 그럴 확률이 얼마나 될까? 친구가 필라델피아 이글스 경기에 갔었다는 메시지의 요지를 파악하고 더 이상 읽지 않았다면 당신은 반전, 그야말로 메시지의 전체 핵심을 놓쳤을 것이다.

또한 글을 읽는 사람이 스키밍skimming, 즉 훑어본다면 핵심 정보를 놓지기 쉽다. 방금 문장에서 오디(놓지기)를 발견했는가? 그렇다면 책을 자세히 읽고 있다는 뜻이니 고마운 일이다! 자세히 읽는다는 건 많은 것을 놓치지 않는다는 의미지만, 또한 많은 시간과 주의 집중력을 쓴다는 의미다. 당신이 혹시 이 책을 읽을 때 이번 장을 훑어본다고 해도 전적으로 이해한다. 이렇게 스키밍 방식으로 읽으면 훨씬 빠르게 다음 장으로 넘어갈 수 있겠지만, 세부사항을 놓지게 될 수 있다. (이번에도 그것을 제대로 찾았는가?)

심리학자 키스 레이너Keith Rayner와 모니카 카스텔라노Monica Castelhano의 연구는 자세히 읽는 것과 훑어보는 것을 비교하여 우리 시선이 어떻게 움직이는지 보여 준다.[11] 다음 페이지의 예시에 표시된 원은 참가자의 시선이 집중되고 멈추는 곳을 나타낸다. 그 위치는 시선고정점fixation이라 불린다. 줄은 시선고정점 사이를 오가는 시간 동안 시선이 어디로 이동하는지 나타낸다. 자세히 읽는 동안

자세히 읽기

이 사람은 이해하려고 글을 읽고 있다. 이 사람은 모든 단어에 시선을 고정하진 않지만, 모든 단어를 처리하고 있다. 이와 같은 읽기 방식은 스키밍 방식과 스캐닝 방식보다 시간이 더 많이 필요하지만, 글을 더 완전하게 이해할 수 있다.

훑어보기

이 사람은 글을 훑어보고 있다. 그냥 읽지 않고 훑어보면, 시선이 고정하는 단어 개수가 더 적고 단어에 고정하는 시간이 더 짧다. 얼마나 많은 단어를 건너뛰는지, 그리고 건너뛴 단어를 다시 보기 위해 얼마나 자주 뒤로 돌아가야 하는지 잘 살펴보라. 훑어보면 어떤 글인지 대충 감을 잡을 수 있지만, 이 사람은 세부적인 사항, 종종 중요한 사항을 많이 놓칠 수 있다.

에는 시선이 단어에서 단어로 연속적으로 움직인다. 그러나 훑어볼 때는 줄을 가로지르며 움직이며 시선고정점의 개수도 더 적다.

스키밍 방식은 종종 단어, 구절, 심지어 문단까지 건너뛴다. 미리 뒷장으로 건너뛰기도 하고, 처음에 놓쳤던 것을 다시 검토하거나 찾으려고 앞장으로 건너뛰기도 한다. 우리는 단어를 순서대로 받아들이지 않고, 많은 단어를 완전히 건너뛴다. 그래서 훑어보면 더 빠르게 읽을 수 있다. 또한 그 때문에 정보를 놓치기 쉬운 상태로 빠지기도 한다.

스키밍 방식이 편법이 아니라는 점을 명심하라. 이 방식은 지극히 유용한 전략으로, 핵심 정보를 추출하는 데 필요한 시간과 주의 집중력의 양을 최소화한다. 그리고 사람들은 두꺼운 책이 아니더라도 항상 훑어본다. 우리가 시행한 최근 설문조사에서 참가자들은 이메일의 약 40%와 문자메시지의 20%를 훑어본다고 대답했다.[12]

훑어보는 것 말고도, 바쁜 사람은 글을 읽을 때 시간을 절약하기 위해 스캐닝scanning 방식으로 전략을 보완한다. 스캐닝은 글의 일부 영역을 옮겨 가며 읽는 것을 포함하고, 선택적 주의집중력과 경험 법칙을 자주 이용하여 가장 가치 있는 정보가 있을 법한 위치를 찾는다. 글을 읽는 사람은 종종 문단의 첫 문장을 보고 나머지 부분이 어떤 내용인지 예상한다. 따라서 문단의 앞 문장을 읽는 데 시간을 더 많이 쓰고, 그 문장을 이용하여 무엇을 더 자세히 읽을지 결정한다.[13] 또는 더 상위 수준인 제목을 읽고 글에 접근하여 훑어보거나 자세히 읽으면서 더 검토하고 싶은 부분을 찾는다.

연구진은 글을 읽을 때 시선이 어떻게 움직이는지 추적함으로써 이 스캐닝 과정을 실제로 관찰했다.[14] 다음 페이지의 예시처럼 대부분의 참가자가 넓은 영역을 건너뛰며 읽으면서 기준점에 도달한다. 이 기준점으로는 제목, 문단의 첫 문장, 그림, 나머지 글과 시각적으로 대비되는 서식이 있다. 그러면 글을 읽는 사람은 기준점을 확인하고 글을 건너뛰기도 하고, 주의 깊게 읽기도 한다. 스키밍 방식과

☑ **Tip**: 고무 임펠러는 스테인리스 스틸 컵 내부에 있으며 물을 윤활제로 사용합니다. 이 물이 없으면 고무와 스테인리스 스틸 간의 마찰로 인해 고무 임펠러가 빠르게 과열되어 파손됩니다. 선외기에 사전에 적절한 물 공급이 이루어지지 않은 상태에서, 선외기를 작동하거나 뒤집지 마십시오.

일반적으로 염수 또는 기수, 탁수에서 작동한 경우, 임펠러와 워터 펌프 어셈블리를 매년 점검하고 필요한 경우 교체하십시오. 이 물 속의 잔해는 사포처럼 작용합니다. 맑고 깨끗한 담수에서 작동한 경우, 건조 작동이 없는 경우에는 점검 간격이 늘어날 수 있습니다. 선외기의 구체적인 점검 서비스 간격을 보려면 보유하고 있는 사용 설명서를 확인하십시오.

☑ **Tip**: 임펠러/워터 펌프 검사 및 교체 절차 수행이 걱정되는 경우, 현지 야마하 마린 대리점에 정비작업을 의뢰하시기 바랍니다. 귀하가 안심할 수 있도록 올바른 정비작업을 수행할 수 있는 도구, 자료 및 교육을 갖추고 있습니다.

벨트 및 호스

선외기에 있는 모든 벨트와 호스는 혹독한 해양 환경에서 작동해야 합니다. 가끔 한 번씩 살펴보고 제조업체의 교체 일정에 주의를 기울이시기 바랍니다. 균열이나 마모가 발견되면 안전하게 교체하십시오. 수명을 연장하기 위해 벨트를 "뒤집으려고" 시도하지 말고 손가락에 윤활유가 묻어 있는 상태로 벨트를 다루지 마십시오. 스프레이형 윤활유로부터도 안전하게 보관하십시오.

☑ **Tip**: 야마하 4 스트로크 선외기 타이밍 벨트와 HPDI® 2 스트로크 선외기 고압 연료 펌프 벨트는 톱니 모양으로 되어 있고 Kevlar®로 덮여 있어, 내구성이 강하고 늘어나지 않습니다. 야마하에서는 5년 또는 1,000시간마다 교체할 것을 권장합니다.

점화 플러그

일반적으로 200시간마다 또는 매 두 시즌마다 4 스트로크 선외기 점화 플러그를 뽑아 적절한 색상과 마모를 확인하십시오. 연한 갈색을 띠고 가장자리가 상대적으로 날카로워야 합니다. 필요한 경우 선외기 제조업체가 규정한 정확한 제조업체 및 부품 번호로 교체하십시오. 선외기에 사용되는 점화 플러그의 브랜드 유형과 스타일은 설계에 따라 다릅니다. 여기에는 선외기에 설계된 특정 성능 속성이 포함되어 있습니다. 점화 플러그의 작은 표시와 숫자에는 열 범위, 나사산 깊이 등과 관련된 많은 정보가 포함되어 있습니다. 그러니 여기서 추측하거나 상호 참조하지 마십시오.

공기 흡입

새 둥지나 다양한 동물이 가져온 기타 잔해 등 장애물이 있는지 공기 흡입 통로를 확인하십시오. 카울링 아래도 살펴보십시오. 선외기나 보트가 새와 벌레의 보금자리가 되는 데는 오랜 시간이 걸리지 않으며, 성능 손실 진단의 경우 정말 난감한 일이 될 수 있습니다.

온도 조절 장치 및 팝오프 밸브

선외기의 작동 온도를 조절하는 역할을 합니다. 간단하고 효과적이며, 엔진 작동 온도 변화에 대한 모든 표시를 통해 가장 잘 관찰됩니다. 바닷물에서 작동하면 침전물이 쌓여 밸브가 열리게 되어 선외기가 지나치게 냉각되고, 적절한 작동 온도에 도달하지 못할 수 있습니다. 냉각수에 있는 작은 조각의 잔해물이 결합 표면 사이에 쌓여 동일한 상태를 유발할 수 있습니다. 제거 및 청소로 해결할 수 있으며 구체적인 교체 권장사항은 사용 설명서를 확인하십시오.

마찬가지로 스캐닝 방식으로 읽는 사람들도 때로는 이전에 건너뛰었던 부분으로 다시 돌아가기도 한다.

효과적인 글을 쓰는 작성자는 글을 읽는 사람이 시간을 효과적으로 관리하도록 도와준다. 전하고 싶은 메시지의 핵심이 단순히 글을 읽는 경험 제공에 있다면, 작성한 글 전체가 읽을 가치가 있다는 사실을 미리 알리고 싶을 것이다. 그러나 메시지의 핵심이 중요한 정보를 전달하거나 특정 행동을 요구하는 경우라면, 작성자는 바쁜 사람이 글을 읽는 방식에 맞춰야 한다. 읽는 사람들은 어쨌든 스키밍 방식과 스캐닝 방식을 이용해서 읽는다. 그들이 이 방식으로 핵심 정보를 파악할 수 있게 글을 쓴다면 읽는 과정이 더 원활하게 흘러가고 작성자로서 원하는 목표도 달성할 수 있다.

4단계: 응답할지 결정하기

바쁜 사람이 당신이 쓴 글을 읽었다 해도, 여전히 통과해야 할 정신적 관문은 남아 있다. 응답할지 여부와 응답할 방법을 결정하는 것이다. 많은 글이 읽는 사람에게 행동할 것을 분명하게 요청한다. 요청사항은 문서 서식을 완성하거나 미팅 일정을 잡고 질문과 요청사항에 대답하거나 청구서를 처리하는 일이 될 수 있다. 세부사항이 무엇이든, 글을 읽는 사람이 행동할 가능성은 주로 요청사항이 얼마나 잘 전달되는지, 그리고 수행하는 것이 얼마나 수월한지에 달려 있다. 다른 의사결정처럼, 이런 계산은 분주한 삶과 미루는 경향 때문에 복잡해진다.

글을 읽는 사람이 요청사항을 따르지 않는 주된 이유로는 세 가지가 있다.

첫째, 요청사항을 제대로 이해하지 못할 수 있다. 이런 문제에서는 효과적인 글쓰기의 핵심을 다시 떠올려야 한다. 메시지 의미를 파악하기 위해 추가적인 노력을 기울여야 한다면 사람들이 응답할 가능성은 훨씬 줄어든다. 그들은 주의력이 분산되거나 요청사항을 이해하려고 노력하는 것을 미루고, 또는 그냥 포기하고 넘어갈 수 있다. 따라서 그들이 응답한다 하더라도 어쨌든 적절한 시기에 행동하는 데 실패할지도 모른다. 그래서 효과적인 글을 쓰는 작성자는 메시지의 명료함*clarity*에 집중해야 한다.

둘째, 요청사항을 중요하게 생각하지 않을 수 있다. 효과적인 글을 쓰는 작성자라면 메시지가 왜 중요한지, 특히 그 글을 읽는 사람에게 왜 중요한지 명확히 표현해야 한다. 즉, 작성자는 메시지의 관련성*relevance*을 확립해야 한다.

마지막으로 글을 읽는 사람이 요청사항을 이해하고 응답할 가치가 있다는 사실을 받아들인다 해도, 행동하는 것은 나중으로 미룰 수 있다. 특히 요청사항을 완료하는 데 시간이 소요될 것 같으면 더욱 그렇다. 우리는 계획을 실행하기 위해 대체로 최선을 다하려고 하지만, 어떻게 흘러가는지 다들 알지 않은가? 물론 나중에 알림을 보낼 수도 있다. 그러나 그들이 미루기 전에 지금 행동할 수 있는 여건을 조성하는 것이 훨씬 낫다.

바쁜 사람이 글에 관여하고 응답하는 방식에 작성자가 통제할 수 있는 것이 별로 없다. 예를 들어 미국은 선거가 있을 때마다 유권자 등록을 독려하기 위해 어마어마한 시간과 돈을 쏟아붓는다. 팸플릿을 만드는 작성자가 유권자 등록 과정을 단순화하기 위해 할 수 있는 일은 거의 없다. 작성자가 할 수 있는 일은, 그 과정을 가능한 한 명료하게 그리고 단순하게 설명하고 보여 주는 것이다. 책의 후반부에서 이것을 어떻게 하는지 단계별로 보여 줄 예정이다.

무엇보다 바쁜 사람을 대상으로 글을 쓰기 전에, 글을 쓰는 이유가 아주 명확해야 한다. 효과적으로 의사소통하려면 글을 쓰는 목표를 알아야 한다. 많은 작성자가 가장 중요한 이 마지막 정신적 관문을 통과하는 데 실패한다.

3장

당신의 목표를 우선하라

효과적인 글쓰기란 작성자의 핵심 정보를 글을 읽는 사람에게 바로 전달하는 글쓰기다. 바쁜 사람을 관여하고 행동하도록 설득하는 것은 그 과정의 일부일 뿐이다. 또한 글을 통해 달성하고 싶은 것이 무엇인지 아주 분명하게 알아야 한다. 글을 읽는 사람이 무엇을 이해했으면 좋겠는가? 어떻게 응답하기를 원하는가?

간단하게 가장 핵심적인 이런 질문을 스스로 해 볼 수 있다. 당신의 메시지를 읽는 사람이 딱 5초만 시간을 쓴다면, 그들에게 전달하고 싶은 *가장 중요한 정보*가 무엇인가? 작성자로서 원하는 목표를 모른다면, 그 목표를 효과적으로 전달할 수 없다.

물론 목표를 아는 것은 생각보다 어렵다. 작성자도 바쁘기 때문이다. 우리 대부분은 이메일과 문자메시지를 급히 쓰면서 다른 수십 가지 일을 해낸다. 바쁠 땐 잠시 멈춰서 신중히 생각하고 말하는 것이 어렵다. 오히려 의식의 흐름대로 빠르게 생각을 내보내는 게 훨씬 쉽다. 때로는 메시지의 초안을 쓸 때 목표가 무엇인지 확신조차 못 한다. 그러나 가장 먼저 작성자로서의 목표를 우선시하지 않는다면, 글을 읽는 사람은 중요한 사항을 당초 의도와 다르게 이해하고 떠나 버릴지도 모른다.

다행히도 글쓰기 과정 자체를 거치면서 명확함을 얻을 수 있다. 즉, 효과적인 글을 쓰는 작성자로서 능력을 갈고 닦으면, 명료하게 생각하는 사람으로서 능력을 갈고 닦게 되는 것이다. 조직 심리학자이자 베스트셀러 작가인 애덤 그랜트Adam Grant는 이런 점을 명확하게 지적하고 있다. "생각을 단어로 바꾸면 논리력이 향상된다. 머릿속에서 분명하지 않던 것이 페이지 위에서 명확해진다."[1]

작성자 대부분은 글에서 가장 간단한 결함을 익숙하게 찾아낸다. 부적합한 단어와 잘못된 문법 같은 기본적인 실수 말이다. 그럼에도 이런 결함은 놀라울 정도로 흔하다. 최근에 받았던 업무 메일, 사무실 메모, 학교소식지 등에서 이런 결함을 얼마나 보았는지 생각해 보라. 좀 더 가벼운 문자메시지나 소셜 미디어 게시물에서 나타난 결함은 말할 것도 없다. 단어의 흐름을 방해하는 것은 무엇이든 글을 읽는 사람의 주의를 분산시킨다. 오탈자 역시 은연중에 이렇게 말하면서 작성자의 목표를 훼손할 수 있다. "이 메모는 수정할 정도로 중요하진 않네요." 바쁜 사람은 기꺼이 실제로 전달하려 했던

진짜 메시지를 무시해 버릴 것이다. 따라서 관여를 유도하는 첫 단계는 시간을 들여 말을 정리하고 읽기 쉽게 표현하는 것이다.

그런데 효과적인 글쓰기에서는 훨씬 더 많은 수정 과정을 거쳐야 한다. 효과적인 글을 쓰는 사람은 최초 초안에서 출발하여 작성자의 목표를 이해시킬 때까지 수정하고 또 수정한다. 우리도 이 책을 쓸 때 반복해서 수정했다. 더욱 놀라운 것은, 이메일과 메모, 심지어 문자메시지도 일상적으로 수정하고 다시 쓴다는 점이다. 이런 행동이 지나친 듯 보이겠지만, 뒤따르는 보상은 상당하다. 일단 목표에 집중하여 수정하는 습관을 들인다면, 생각이 더욱 분명해지고 목표를 달성할 가능성이 훨씬 커진다는 사실을 알게 될 것이다.

효과적으로 수정하는 방법을 잘 모르겠다고? 그렇다면 수정할 때마다 자신에게 이 두 가지 핵심 질문을 계속 물어보라. '글을 읽는 사람이 이해했으면 하는 가장 중요한 정보는 무엇인가?' '더 쉽게 알려 주려면 어떻게 해야 할까?' 질문에 대한 대답이 명확하지 않다면, 작성자로서의 목표를 달성할 수 없다는 사실을 명심하라!

이 책의 다음 장부터 이 과정을 수행할 수 있는 지침이 담겨 있다. 바쁜 사람에게 핵심 정보(작성자가 핵심 정보가 무엇인지 알고 있다면!)를 전달하는 여섯 가지 핵심 원칙을 도출했다. 또한 원칙은 모든 글쓰기에 내재된 갈등상황을 다룬다. 즉, 글을 읽는 사람은 자신의 목표에 따라 글에 접근하는데, 이 목표는 작성자의 목표와 일치하지 않을 수 있다. 우리는 사람들이 왜 스키밍이나 스캐닝 방식으로 훑어보고 읽기를 미루는지 이미 살펴보았다. 메시지가 효과적으로 작성되지 않는다면, 이런 읽기 방식은 작성자의 목표를 훼손할 수 있다. 효과적인 글을 쓰는 사람은 읽는 사람에게 태도를 바꾸도록 요청하거나 바꾸길 기대해서는 안 된다. 다음 장에서는 이런 갈등상황을 인식하고 그에 맞춰 어떻게 글을 쓰는지 알아볼 것이다.

글을 읽는 사람이 작성자가 중요하게 여기는 정보를 간과하고 작성자가 원하는 방식대로 행동하지 않는다면, 그것은 *읽는 사람의 잘못이 아니라*는 사실을 기억해야 한다. 이런 일이 발생한다면, 작성자인 우리가 실패한 것이다.

도널드 노먼Donald A. Norman은 《디자인과 인간 심리》에서 누군가 문손잡이나 전등 스위치, 오븐과 같은 흔한 제품을 사용하려다 이해하지 못해 포기한다면, 그것은 디자이너의 잘못이라고 말한다. 노먼은 사용자 중심 디자인 운동을 창시하고 이러한 주제를 꾸준히 연구했다. 그의 핵심은 사람들이 현재 있는 곳에서 그들을 만나야 한다는 것이다. 즉, 제품이 아무리 아름답거나 멋지더라도, 결국 디자이너의 본질적인 역할은 사용하기에 쉬운 제품을 만드는 것이다. 실용적인 글쓰기도 이와 유사하다.

현실이 이렇다 보니, 우리는 글을 읽는 사람을 위해 효과적인 글을 써야 한다는 부담을 안고 있다. 다행히도 이런 부담은 이 책을 읽고 나면 좀 더 가벼워질 것이다.

NOTE

2^부

바쁜 사람들을 위한
글쓰기 6원칙

4장

원칙1:
적을수록 더 좋다

"간결함은 지혜의 본질이다." 윌리엄 셰익스피어의 《햄릿》에 등장하는 폴로니어스Polonius의 대사다. 셰익스피어는 중의적 의미를 담아 이 문장을 만들었다. 아이러니하게도 《햄릿》은 셰익스피어의 극작품 중 가장 긴 작품으로, 폴로니어스는 가장 길고 장황하게 말하는 등장인물인 반면, 전적으로 진실한 인물이다. 강렬한 생각은 간결하고 기억에 남는 방식으로 전달될 때 지속적인 힘을 발휘하는데, 셰익스피어는 이런 점을 다른 어떤 작성자보다 잘 이해했던 것 같다. 그의 많은 표현 방식이 일상 언어의 표준이 되었고, 4백 년이 지난 후에도 폴로니어스가 한 말은 여전히 현명한 조언으로 남아 있으니 말이다.

그러나 여전히 작성자들 사이에 문장이 길수록 더 좋다는 오해가 걱정스러울 정도로 널리 퍼져 있다. 아마도 학창 시절, 정해진 분량만큼 글자 수를 채워야 했던 기억 때문일 것이다. 그리고 글을 많이 쓰면, 영리하고 할 말이 많은 것처럼 보일 것이라는 기대감이 있다. 반대로, 우리가 많이 쓰지 않는다면 몇몇 중요한 정보를 누락할지 모른다는 두려움도 있다. 지나치게 긴 글의 원인이 무엇이든지 간에, 실제 현실에서는 더 많이 쓸수록 사람들이 읽지 않을 가능성이 커진다.

무엇보다 먼저, 길게 쓸수록 읽는 데 시간이 더 많이 소요된다. 평균적인 미국 성인은 비소설을 읽을 때 1분에 약 다어 240개, 즉 1초에 단어 4개를 이해한다.[1] 추가로 단어나 문장 몇 개 더 읽는 데 소요되는 시간이 사소해 보일 수 있지만, 시간은 빠르게 늘어나기 마련이다. 또한 글이 길수록 집중력이 더 많이 필요하다. 학술연구를 비롯해서 우리가 직접 관찰한 결과에서도 단어와 생각, 요청사항이 적은 메시지일수록 읽을 가능성이 더 높다는 사실을 보여 준다. 오늘날 글을 읽는 사람들이 만들어 낸 줄임말 'TL;DR'이 있다. 이는 압도적으로 장황한 글에 사람들이 어떻게 느끼는지를 엿볼 수 있다. 일종의 한 줄 요약으로, 너무 길어서 읽지 않았다Too long; Didn't Read는 것을 나타내는 일반적이고 풍자적인 짧은 표현이다.

간결한 글쓰기는 읽는 사람의 시간과 노력을 줄여 주는 만큼, 작성자의 시간과 노력은 더 요구한다. 17세기 수학자 블레즈 파스칼Blaise Pascal이 "내게 시간이 더 있었다면 편지를 더 짧게 썼을 텐데"라고 사과하면서 이러한 상충관계를 정확히 담아내었다.[2] (마크 트웨인과 존 로크를 비롯한 많은 사람이 같은 말을 했는데, 얼마나 많은 사람이 이 생각에 공감하는지 알 수 있다.) 길고 장황하게 글을 쓰는 것은 비교적 쉬운 일이다. 의식의 흐름대로 바로 글로 옮기면 되기 때문이다. 체계가 없는 생각을 명확하고 간결하며 논리 정연한 메시지로 옮기려면 중요하게 해야 할 일이 더 많아진다.

우리는 대부분 간결하게 글을 쓰는 법을 배우지 못했다. 간결하게 편집하는 법도 배우지 못했다는 점이 문제를 더 악화한다. 연구자들은 사람들이 편집하면서 단어와 내용을 삭제하지 않고, 오히려 단어와 내용을 추가하는 경향이 있다는 사실을 발견했다. 버지니아 대학의 가브리엘르 애덤스Gabrielle Adams와 동료 연구진이 진행한 연구에서, 피실험자들에게 영국왕 리처드 3세의 유골이 영국 레스터Leicester에 있는 주차장 밑에서 발견됐다는 짧은 기사를 읽고 요약하라고 요청했다. 요약을 완료한 후에는 기사 내용이 잘 담기도록 내용을 편집하고 개선하라고 요청했다. 결과를 보면, 참가자 83%가 단어를 추가했다.[3] 여행 일정부터 특허 기사까지, 다양한 주제에서 동일한 패턴을 보여 주었다. 즉, 편집 과정에서 생각을 빼거나 없애는 대신, 오히려 추가하는 경향이 나타난 것이다.[4]

간결한 글을 쓰기 위해 추가적인 노력을 투입하는 것은 투자와 같다. 바쁜 사람은 짧고 명확하며 체계적인 메시지를 더 많이 읽는다. 그리고 간결한 글을 읽는다면 가장 중요한 정보를 더 잘 이해할 수 있다. 간결한 글이 되도록 시간을 더 많이 쓴다면, 후속조치와 오해, 충족되지 않은 요청사항을 줄여줌으로써 나중에는 오히려 시간을 크게 줄일 수 있다.

글이 길수록 쉽게 포기한다

"적을수록 더 좋다"는 말은 단지 유용한 명언으로 끝나는 게 아니다. 이 말은 바쁜 사람이 글을 읽을 때 행동하는 방식, 즉 메시지가 길수록 읽는 것을 포기하고 미룬다는 사실을 보여 준다.

장황한 이메일	간결한 이메일
받는 사람: 당신! 보낸 사람: 직장동료 제목: 요점이 무엇인지 명확하지 않아…	받는 사람: 당신! 보낸 사람: 직장동료 제목: 요점이 무엇인지 명확하지 않아…

메일함을 열었더니 앞 페이지와 같은 이메일 2통이 있다고 생각해 보라. 제목과 보낸 사람을 보면, 업무 메일이라는 것을 알 수 있다. 메시지 길이를 빠르게 훑어보는 것 말고 더 이상 알 수 있는 사항은 없다.

이럴 때 먼저 어떤 이메일부터 읽어보겠는가? 아마도 *간결한* 이메일일 것이다. 그렇지 않은가? 우리가 수행한 설문조사를 보면 직장인 166명 중 165명도 그럴 것이라 대답했다.[5]

읽는 사람은 메시지 길이를 답변의 난이도와 소요시간을 나타내는 표시로 자주 해석한다. 바로 이것이 사람들이 장황한 글에 관여하지 않는 이유다. 한 연구에서 우리는 미국 전역의 학교이사회 이사 7,002명에게 두 가지 유형으로 이메일을 보내 짧은 온라인 설문조사에 응해달라고 요청했다.[6] 첫 번째 이메일은 101개 단어로, 다른 이메일은 44개 단어로 이뤄졌다.

장황한 이메일

안녕하십니까,

저는 하버드대학 교수로, 학교이사회 이사진의 의견과 의사결정, 목표 및 기대를 연구하고 있습니다. 학교이사회 이사로서, 여러분은 중요하고 어려운 책임을 맡고 있습니다. 이사회 이사진은 학교와 지역사회의 학생, 교사, 가족의 삶에 크게 영향을 미치는 중요한 의사결정을 내리고 있습니다. 그리고 학교 개강을 앞두고 긴급하고 중요한 의사결정을 자주 하느라

바쁜 줄 알고 있습니다. 여러분 같은 교육구 대표자는 여러 경쟁적인 이해

관계를 균형 있게 조율하고 있습니다. 그래서 여러분의 참여는 제가 수행

하는 연구에 큰 도움이 될 것입니다. 교육구 대표자인 여러분은 현재 학교

가 처한 어려운 문제들을 어떻게 생각하는지 알고 싶습니다. 이 간단한 설

문조사를 완료해 주시겠습니까? 링크는 다음과 같습니다.

http://surveylink.com

시간 내 주셔서 감사합니다.

공공정책학 교수 투드 로저스 박사

간결한 이메일

안녕하십니까,

저는 하버드대학 교수로, 학교이사회 이사진의 의견과 의사결정, 목표

및 기대를 연구하고 있습니다. 학교이사회 이사로서, 여러분은 중요하고

어려운 책임을 맡고 있습니다. 이사회 이사진은 학교와 지역사회의 학생,

교사, 가족의 삶에 크게 영향을 미치는 중요한 의사결정을 내리고 있습니

다. 그리고 학교 개강을 앞두고 긴급하고 중요한 의사결정을 많이 하느라

바쁜 줄 알고 있습니다. 여러분 같은 교육구 대표자는 여러 경쟁적인 이해

관계를 균형 있게 조율하고 있습니다. 그래서 여러분의 참여는 제가 수행

하는 연구에 큰 도움이 될 것입니다. 교육구 대표자인 여러분은 현재 학교

가 처한 어려운 문제들을 어떻게 생각하는지 알고 싶습니다. 이 간단한 설문조사를 완료해 주시겠습니까? 링크는 다음과 같습니다.

http://surveylink.com

시간 내 주셔서 감사합니다.

공공정책학 교수 토드 로저스 박사

장황한 이메일은 응답률이 2.7%에 그친 반면, *간결한* 이메일은 4.8%로 거의 2배에 달하는 응답률을 보였다. 이메일을 읽은 사람 중 일부는 장황한 이메일의 길이를 보고 참여하지 않기로 선택했다. 또는 이메일을 끝까지 읽지 않아 맨 끝에 있던 요청사항을 보지 못한 경우도 있었다. 게다가 어떤 사람들은 이메일 길이를 설문조사를 완료하는 데 걸리는 시간을 나타내는 신호로 보고, (아주 힘든 일로 생각하여) 요청사항을 무시하기로 결정한 듯했다. 두 가지 이메일은 동일한 설문조사를 요청했고, 설문조사를 완성하는 데는 약 5분이 소요되었다. 그러나 별도로 진행한 연구에서 *간결한* 이메일을 본 응답자 29%가 설문조사 시간이 5분 미만이라 생각했지만, *장황한* 이메일을 본 응답자 중 소요시간이 5분 미만이라고 믿은 사람은 15%에 불과했다. 글을 읽는 사람 대부분, 특히 시간이 촉박한 사람은 메시지와 요청사항을 처리하기 어려울 것이라 예상하는 경우 쉽게 미루는 편이다.[7]

사람들이 장문의 메시지를 읽다가 중도하차하는 것을 조기 중단 early quitting이라고 한다. 그들은 글을 대충 훑어보고는, 주제나 요청사항, 글이 너무 많아 해야 할 일이 아주 많다고 판단한다. 그래서 글을 다 읽기도 전에 그만두고 나중에 다시 읽기로 하는 것이다. 이런 조기 중단자 중 일부는 절대 다시 돌아오지 않는다. 나중에 다시 돌아와서 읽는 사람도 있겠지만, 그때쯤엔 중요한 순간을 놓칠 수도 있다. 납부기한이 지났거나, 보험등록기간이 종료되었거나, 또는 가능한 미팅 시간대가 더 이상 없을 수 있다.

일반적으로 장황한 메시지는 간결한 메시지보다 좀 더 늦게 처리되는 편이다. 최악의 경우 장황한 메시지는 절대 읽히지 않을 수 있다. 메일함에 남겨진 수백 통의 다른 메시지와 동일한 신세가 된다. 아마도 여기에서는 명언을 반대로 표현하는 게 더 어울릴지도 모르겠다. 많을수록 더 나쁘다.

많을수록 정보는 희석된다

단어나 생각, 요청사항이 많이 담긴 메시지는 그 안에 담긴 각각의 정보를 희석시키는 경향이 있다. 메시지에 내용이 많을수록, 메시지를 읽는 사람은 두 가지 이유로 가장 중요한 내용을 인지하지 못하거나 이해하지 못하고, 또는 대응하지 않을 가능성이 크다.

첫째, 훑어보는 사람들은 메시지의 요지를 이해했다고 생각하고 넘어가지만, 사실 작성자의 주요 핵심을 놓쳤을 수 있다. 메시지에 단지 몇 문장과 하나의 생각만 담겨 있다면, 대충 훑어보는 것만으로도 핵심 정보가 드러난다. 그러나 메시지가 길수록, 읽는 사람은 중요한 내용을 무심코 빠뜨리고 넘어가기 쉽다. 또한 그들은 관심 있는 구체적인 내용이나 정보를 찾다가, 일단 찾고 나면 다음으로 넘어간다. 그 내용이 작성자에게 가장 중요한 내용인지는 상관없다. 다시 말하면, 글을 읽는 사람은 작성자의 목표가 충족되지 않아도 자신의 목표를 충족할 수 있다는 것이다.

둘째, 메시지가 길어질수록 읽는 사람의 주의력과 집중력은 더 많이 소모된다. '한 줄 요약: 텍스트가 길수록 무의식적으로 딴생각하는 비율이 증가한다TL;DR: Longer Sections of Text Increase Rates of Unintentional Mind-Wandering'라는 훌륭한 제목을 붙인 연구가 있다. 미국과 캐나다 연구진은 이 연구에서 긴 메시지를 읽을수록 읽는 사람의 주의집중력이 분산되기 쉽다고 보고했다.[8] 주의가 분산되어 장황한 메시지를 끝까지 읽지 못한 사람은 작성자의 핵심 정보를 놓칠 수 있다.

간결하게 쓰려면 불필요한 단어와 문장, 문단, 생각을 가차 없이 잘라내려는 의지가 필요하다. 《글쓰기 예술에 관하여On the Art of Writing》에 실린 저명한 강의의 조언을 따라서, '사적인 감정을 죽이기murder your darlings' 위해 시간을 들여 쓴 단어를 삭제하는 것은 어려울 수 있다.[9] 그러나 그렇게 하면 당신이 쓴 내용을 읽을 확률은 높아진다. 〈타임〉의 전 편집장인 낸시 깁스는 모든 단어는 문장 안에서, 모든 문장은 문단 안에서, 모든 생각은 하나의 글에서 자신의 자리가 있어야 한다고 직원들에게 말하곤 했다.[10]

짧은 글의 한계

간결한 메시지가 장황한 메시지보다 분명 더 좋은 결과를 보여주지만, 대부분의 사람은 장황한 메시지가 더 효과적이라고 오해한다.[11] 이런 모순은 여러 유형의 일반적인 글쓰기에서 나타나는 근본적인 불안감 때문에 발생한다. 바로 우리는 글을 읽는 사람과 정확하고 완벽하게 소통하기를 원하는 것이다. 글을 읽는 사람이 관여하고 대응하길 원하며, 동시에 글을 쓰고 있는 나의 뉘앙스, 감정, 문체까지 알아주기를 바란다.

우리는 이런 모순을 균형 있게 조율할 수 있다. 물론 치러야 할 비용은 있다. 때로는 말을 더 많이 하는 비용을 치를 가치가 있는 경우도 있다. 예를 들어 우리가 코로나19 팬데믹 동안 원격으로 교육하고 있었던 어느 교육구School District(옮긴이: 관할 지역 내 공립학교를 지도·감독하며 공교육 제공 책무를 담당하는 독립 교육기구)와 진행한 실험을 보자. 우리는 그들에게 간결한 메시지가 장황한 메시지보다 학부모의 응답을 더 많이 이끌어 냈다는 사실을 보여 주었다(이 내용은 이번 장 뒤에서 더 다룰 예정이다). 그럼에도 그 교육구는 장황한 메시지를 계속 사용하기로 결정했다.

그렇다면 교육구가 일부러 학부모에게 덜 효과적인 메시지를 보낸 이유는 무엇일까? 그렇게 하면 학교 설문조사에서 응답을 얻는 것보다 더 중요한 목표를 달성할 수 있기 때문이었다. 원격교육으로 격동적인 해를 보낸 후에, 그들에게 가장 중요한 목표는 학부모와 따뜻한 관계를 재구축하는 것이었다. 학부모가 설문조사에 참여하는 것은 부차적인 목표였다. 이렇게 우선순위를 둔 후에, 교육구는 더 긴 메시지가 더욱 감정적이고 인간적으로 느껴진다고 결정했다. 비록 설문조사 응답률은 더 낮았지만, 그들의 전반적인 목표를 달성하기에는 더 좋았던 것이다.

핵심은, 효과적인 글쓰기는 소통의 맥락에 따라 적합하게 이뤄져야 한다는 것이다. 우리가 지침을 제공할 순 있지만, 단어와 생각, 요청사항을 더 많이 담으려는 욕구와 바쁜 사람이 직면한 많은 제약 간에 어떻게 균형을 맞출 수 있는지는 각자 현명하게 결정해야 한다. 우리는 당신에게 무조건 가장 짧은 메시지만 이용하라고 권하는 게 아니다. 오히려 목표에 맞게 없앨 수 있는 것은 없애라는 말이다. 맥락이 다르면 고려해야 할 사항도 다르다. 그러나 바쁜 사람을 위해 글쓰기를 할 때는 적게 쓸수록 더 좋은 경우가 생각보다 더 많다.

'적을수록 더 좋다'는 원칙 적용하기

규칙1: 단어를 더 적게 사용하라

'불필요한 단어를 생략하라'는 스트렁크의 《영어 글쓰기의 기본》에 담긴 불후의 메시지 중 하나로, 더 간결하게 글을 쓰기 위해 쉽게 할 수 있는 첫 단계다.[12] '인지 아닌지'보다 '~인지'가 더 좋다. '~에도 불구하고'는 '~인데도'로 대체할 수 있다. '라는 이유 때문에'는 '~때문에'로 쉽게 대체할 수 있다. 이러한 대체 표현(그리고 다음 아래의 표에 있는 목록)은 거의 동일한 의미지만 더 적은 단어를 사용하여 메시지 길이와 읽는 시간을 짧게 만든다.

장황한 표현	간결한 표현
비용의 합계costs the sum of	비용costs
다음과 같은 이유로for the reason that	~때문에because
가까운 미래에in the near future	곧soon
그러한 경우라면that being the case	그렇다면if so
~인지 아닌지whether or not	~인지whether
개인적인 의견personal opinion	의견opinion
~한 그는he is a man who	그는he
의심의 여지없이there is no doubt that	분명히clearly
질문을 하다ask the question	묻다ask

이전에 ~했다had done previously	~했다had done
서둘러 빨리 하다hurry up	서두르다hurry
~으로부터off of	~에서off
아래로 떨어지다plunge down	떨어지다plunge
촉감이 부드러운soft to the touch	부드러운soft
분명히 자세하게 설명하다 spell out in detail	분명히 설명하다spell out
~으로 시작하다start off	시작하다start
~제외하고with the exception of	~외에는except
~로 기술한described as	~라는called
~하기 위해in order to	~하려고to
이유들 중 한 가지one of the reasons	한 가지 이유one reason

정말로 필요 없는 단어를 생략하면 의미나 정확성을 훼손하지 않고 글을 더 짧게 쓸 수 있다. 그래서 길고 장황한 구절을 제거하는 것은 비교적 논란의 여지가 없다. 그러나 효과적인 글쓰기에서 크게 중요하진 않지만 조금은 필요한 단어를 희생시키는 경우도 가끔 있다. 때로는 글을 읽는 사람의 시간을 절약하기 위해 정확성과 의미를 조금 잃는 게 낫기 때문이다.

〈저널리스츠 리소스Journalist's Resource〉와 공동 진행한 연구는 전략적인 생략으로 얻는 이익을 분명하게 보여 준다. 그 기관은 매주

5만 명이 넘는 저널리스트에게 시기적절한 주제에 대한 자료를 담은 이메일을 보낸다. 2020년 8월, 기관 소속 전문 작가들은 구독자에게 뉴스레터를 작성하여 고용주의 임금 착취를 더 많이 알 수 있는 여섯 가지 자료를 제공했다. 우리가 제안한 대로, 그들은 본래의 뉴스레터를 편집하여 더 간결한 유형을 만들었다. 기존 단어 개수의 절반으로 구성된 유형으로(당초 단어 566개가 아닌 275개) 만들었으나, 링크로 연결되는 여섯 가지 자료는 그대로 유지했다.

〈저널리스츠 리소스〉의 간결한 뉴스레터는 공유하고 싶은 핵심 내용, 즉 회사의 경영성과가 좋지 않을 때 임금 착취가 더 많이 발생한다는 사실을 보여 주는 연구 내용을 담았다. 그러면서도 글자 수를 줄이기 위해 우선순위가 낮은 세부적인 근거내용을 생략했다. 관련은 있지만 필수는 아니라고 판단한 저자의 인용문 같은 내용 말이다. 뉴스레터 구독자의 절반은 기존의 뉴스레터를 받은 반면, 나머지 절반은 간결한 뉴스레터를 받았다. 해당 자료로 연결되는 링크를 클릭한 구독자 수를 보면 간결한 뉴스레터가 기존보다 2배 많았다.[13] 중요도가 낮은 세부사항을 없앰으로써 정보를 일부 잃었지만, 메시지에 대한 관여도는 크게 증가했다.

컨설팅 회사 내에서 이뤄지는 소통을 분석한 다른 연구에서도 동일한 결론이 나왔다. 연구진은 직원들이 긴 이메일보다는 더 짧고 목적이 분명한 이메일에 더 빠르게 응답한다는 사실을 발견했다. 연구진은 이런 결과를 회사 임원진에게 제시하면서, 실제로 두 가지 형태의 이메일을 보여 주었다. 하나는 목적이 분명한 메일이고, 다른 하나는 장황하고 두서없는 메일이었다. 그리고 임원진에게 길고 두서없는 메시지를 어떻게 처리할 것인지 물었다. 두 명 이상의 임원이 이렇게 대답했다. "나라면 그냥 삭제합니다."[14]

규칙2: 생각을 더 적게 포함하라

간결한 글쓰기란 전체 단어 수만 제한하는 것이 아니다. 메시지에 넣는 뚜렷한 생각의 수를 제한하기도 한다. 친구에게서 다음과 같은 문자를 받았다고 생각해 보라.

> 오늘 저녁 6시 30분에 같이 밥 먹기로 했잖아. 너무 기대된다! 오션 드라이브 651에 있는 티나 이탈리안 레스토랑에서 먹자. 올 봄에 거기서 브레드스틱을 먹었는데, 진짜 끝내주더라. 그리고 아직 먹어 보진 않았는데, 라자냐도 한번 먹어 보자. 정말 맛있대. 그럼 우리 집에서 15분 전에 만나자. 거기서 걸어가면 되거든. 참, 샘과 조이도 같이 먹기로 했어!

메시지는 최소 여덟 가지 생각을 담고 있다는 사실에 주목하자.

- 친구는 6시 30분에 있을 저녁 식사를 기대하고 있다.
- 저녁 식사 장소는 티나 이탈리안 레스토랑이다.

- 티나 이탈리안 레스토랑의 주소는 오션 드라이브 651이다.
- 티나 이탈리안 레스토랑에서 파는 브레드스틱은 맛이 좋으며, 친구는 봄에 먹어 본 적이 있다.
- 친구는 티나 이탈리안 레스토랑에서 라자냐를 먹은 적이 없다.
- 친구는 티나 이탈리아 레스토랑의 라자냐가 맛있다고 들었다.
- 친구는 당신이 자신의 집으로 6시 15분까지 오길 바란다.
- 샘과 조이도 저녁 식사를 함께할 예정이다.

정보가 많아도 너무 많다! 극단적인 사례지만, 한 번쯤 경험했던 과잉정보 사례를 보여 준다. 많은 사람이 이처럼 지나치게 많은 정보를 포함하는 잘못을 저지른다.

메시지를 쓴 사람은 읽는 사람에게 여덟 가지 모든 생각을 알려주고 싶지만, 사실 가장 중요한 생각은 일곱 번째, 만나는 시간과 장소다. 다른 모든 생각을 포함하면 읽는 사람이 핵심 정보를 포착할 기회가 줄어든다. 읽는 사람은 순전히 단어와 생각의 개수 때문에 단념하여 아예 관여하지 않기로 결정할 수도 있다. 혹은 전체 메시지를 읽을 수도 있지만, 다른 일곱 가지 생각에 주의가 분산되어 정작 가장 중요한 정보를 기억하지 못하거나 집중하지 못할 수 있다. 어느 쪽이든 글에 담긴 생각의 수를 줄이면 읽는 사람이 가장 중요한 핵심 정보를 포착하도록 해결할 수 있다. 전체 메시지를 이렇게 줄이면 된다.

> 저녁 먹기로 한 날이네. 우리 집에서 6시 15분에 보자.

단어를 줄이는 것처럼 생각의 수를 줄이려면 중요도는 낮지만 여전히 관련 있는 정보를 버리고 더 중요한 정보를 강조해야 한다. 이렇게 하면 문자메시지 같은 짧은 형태의 소통에서도 글이 더 명료해질 수 있다. 우리는 코로나19 팬데믹 초기에 한 가지 실험을 진행했다. 이 실험에서 대규모 공립 교육구 학부모에게 문자를 보내 1분이 소요되는 온라인 설문조사를 요청했다. 2만 2,694명 학부모의 절반이 29개 단어로 이뤄진 *장황한* 문자메시지(29개 단어가 장황하진 않지만)를 받았다. 나머지 절반은 16개 단어로 이뤄진 *간결한* 문자메시지를 받았다.

장황한 문자

메시지1: [교육구]의 여름소식 업데이트에 참여해 주셔서 감사합니다! 우리는 원격학습이 힘들다는 사실을 잘 알고 있습니다. 그래서 도움을 드리고자 여러분의 이야기를 듣고 싶습니다.

메시지2: 프로그램 개선을 위해 1분이 소요되는 이번 설문조사에 응답해 주시기 바랍니다.

[설문조사 링크]

메시지1: [교육구]의 여름소식 업데이트에 참여해 주셔서 감사합니다!

메시지2: 프로그램 개선을 위해 1분이 소요되는 이번 설문조사에 응답해

주시기 바랍니다.

[설문조사 링크]

　

두 문장으로 된 장황한 문자는 팬데믹 시기에 학부모가 겪고 있는 어려움을 알고 있고, 공감하고 있다는 사실을 알리고 싶었다. 이 메시지에 추가로 온정을 담았지만, 설문조사에 참여해 달라는 요청과는 다른 별개의 생각이 포함되었다. 간결한 문자는 장황한 메시지보다 학부모 응답률이 6% 더 높았다. 작은 수치지만 의미 있는 차이였다.

우리는 또 다른 실험에서 생각과 단어를 적게 담은 글의 효과를 측정했다. 정치 후보자를 위해 주 전역에 있는 잠재적 기부자 77만 6,145명에게 모금을 요청하는 이메일을 보냈다. 기존에 선거운동에 썼던 장황한 이메일은 문단 6개로 이뤄져 있으며, 모금을 호소하는 내용으로 끝이 난다. 그 이메일에는 몇 가지 강력한 사실, 즉 최근 여론조사 결과와 상대 후보자의 모금 진행 현황이 담겨 있다. 모금 활동에서는 메시지가 길수록 더 효과적이라는 것이 사회적 통념이었기에, 그 생각이 맞는지 시험해 보고 싶었다.

우리가 장황한 이메일을 검토했을 때, 기부해 달라는 필수 요청

사항 이외에 어떤 내용이 가장 중요한 것인지 결정할 수 없었다. 우리는 승인을 얻어 간결한 이메일을 만들었다. 다른 문단을 임의로 삭제하고, 생각의 수를 거의 절반으로 줄였다. 독립표본의 응답자 대다수가 간결한 이메일은 장황한 이메일과 비교했을 때, 한 문단에서 다음 문단으로 넘어가는 흐름이 부자연스럽다고 생각했다. 2023년 1월, 임원 교육 프로그램에 등록한 41명의 전문가에게 두 가지 메시지를 나란히 보여줬을 때, 59%가 간결한 이메일에 비해 장황한 이메일이 "한 문장부터 다음 문장까지 일관성 있게 더 잘 흘러간다"고 답했다.[15] 그럼에도 선거운동에서 다음 두 가지 이메일로 시험했을 때, 간결한 이메일의 모금액이 장황한 이메일보다 16% 더 많았다.

장황한 이메일

받는 사람: 당신!

보낸 사람: [후보자 이름]

날짜: [날짜]

제목: [제목]

[당신 이름], 저는 이 믿을 수 없는 소식을 먼저 알리고 싶었습니다.

저와 선출되지 않은 [상대 후보자 이름]에 대해, 여론조사를 여러 차례 실시한 결과 막상막하로 나타났습니다(이하 생략).

이제, 우리 지지자의 힘을 기반으로 공식적인 선거운동을 활발하게 펼치고 있습니다. 파이브서티에이트FiveThirtyEight 최근 여론조사 분석 결과, 우리가 [X% 대 X%]로 [X%포인트] 차이로 앞서고 있습니다.

그런데 나쁜 소식이 있습니다. 공화당이 지금 쟁탈전을 벌이고 있습니다. [상대 후보자 이름]은 이 자리를 확보하기 위해 이미 지출한 [$]백만 달러 외에도, 미치 매코널Mitch McConnel과 그의 음습한 공화당 지지자들이 우리 기세를 꺾고 극단적인 과반수를 유지하기 위해 또 다른 [$]백만 달러를 쏟아 붓겠다고 약속했습니다.

공화당은 우리가 [주 이름]에서 패배한다면 민주당이⋯(이하 생략). 그래서 한마디로, **우리는 오늘밤 자정까지 2만 5,000달러를 모금하는 목표를 세웠습니다. 그렇게 해야 우리 기세를 유지하고 공화당의 공격에 맞서 이 선거에서 승리할 수 있습니다.**

그러나 현재 믿을 수 없을 정도로 기대에 못 미치고 있습니다. 우리가 이 격차를 줄이지 못한다면, [상대 후보자 이름]이 선두자리를 재탈환할 수 있고⋯(이하 생략). 그래서 이렇게 부탁드립니다.

[당신 이름], [X]달러 이상을 서둘러 기부하셔서, 우리 목표를 달성하고 [주 이름]을 파란색으로 바꿀 수 있게 도와주시겠습니까?

도와주셔서 정말 감사합니다.

[후보자 이름]

간결한 이메일

받는 사람: 당신!

보낸 사람: [후보자 이름]

날짜: [날짜]

제목: [제목]

[당신 이름], 저는 이 믿을 수 없는 소식을 먼저 알리고 싶었습니다.

이제, 우리 지지자의 힘을 기반으로 공식적인 선거운동을 활발하게 펼치고 있습니다. 파이브서티에이트FiveThirtyEight 최근 여론조사 분석 결과, 우리가 [X% 대 X%]로 [X%포인트] 차이로 앞서고 있습니다.

공화당은 우리가 [주 이름]에서 패배한다면 민주당이…(이하 생략). 그래서 한마디로, **우리는 오늘밤 자정까지 2만 5,000달러를 모금하는 목표를 세웠습니다. 그렇게 해야 우리 기세를 유지하고 공화당의 공격에 맞서 이 선거에서 승리할 수 있습니다.**

[당신 이름], [X]달러 이상을 서둘러 기부하셔서, 우리 목표를 달성하고 [주

이름]을 파란색으로 바꿀 수 있게 도와주시겠습니까?

도와주셔서 정말 감사합니다.

[후보자 이름]

어떻게든 대부분의 작성자는 더 적은 생각으로 더 많은 사람과 소통하는 방식과, 더 많은 생각으로 더 적은 사람과 소통하는 방식 간에 균형을 맞춰야 한다. 글에 담을 수 있는 생각의 최대 개수나 포함해도 되는 생각의 중요성 수준에 관한 보편적인 규칙은 없지만, 동일하게 적용되는 기본원칙이 있다. 특정 맥락 내에서는 생각의 수를 가능한 한 많이 줄이라는 것이다. 단어와 마찬가지로 생각의 개수가 많으면 읽는 것을 단념하고, 혹시 읽는다고 해도 핵심 정보를 파악할 기회가 감소할 수 있다.

규칙3: 요청사항을 줄여라

공들여 쓴 단어와 생각을 삭제하는 것도 어려운 일이지만, 효과적인 실용적 글쓰기에서는 세 번째 규칙인 요청사항을 줄이는 자제력이 필요하다. 그런데 이 규칙은 무엇보다 가장 어려울 수 있다. 우리는 흔히 글을 읽는 사람이 다양한 행동을 수행하길 원한다. 예를 들면 문서를 검토하거나 질문에 대답하고, 또는 정보를 제공하거나 이민이나 환경에 대한 핵심 신념을 재고해 보는 일이 될 수 있다. 글에 목표를 한가득 싣기 전에, 읽는 사람이 얼마나 쉽게 딴 길로 빠지고 주의가 분산되며, 멀티태스킹을 힘들어 하는지 기억해야 한다. 바쁜 사람은 글을 읽을 때 요청사항이 많을수록 대응을 *적게* 할 수 있다.

동료가 두 가지 요청사항이 담긴 메시지를 보냈다고 생각해 보라. 하나는 장문의 문서를 검토하는 것이고, 다른 하나는 이미 답을 알고 있는 질문에 응답하는 것이다. 전자는 비교적 시간이 많이 소요되고 후자는 불과 2~3분 정도 소요되는 일이다. 모두 할 수 있는 시간이 생길 때까지 둘 다 미루거나, 시간이 있다면 그중 하나를 먼저 시작할 수 있다. 더 쉬운 일을 먼저 시작하는 경향이 있기 때문에, 질문에 먼저 응답할 것이다. 그러나 다음으로 해야 할 더 어려운 요청사항인 장문의 문서를 검토하는 일은 잊어버릴 수 있다.

이런 경험은 흔히 일어나는 편인데, 그 영향은 상당히 크다. 특히 요청사항이 중요한 문제와 관련 있을 때 더욱 그렇다. 이런 사실을 알았던 어느 연구진은, 최근 기후변화를 완화하는 행동을 하도록 사람들을 가장 효과적으로 집결하는 메시지가 무엇일지 알아보기로 했다.[16] 연구진은 1,500명이 넘는 참가자에게 기후변화의 위험성을 알리고 행동을 실천하도록 요청했다. 그러고 나서 일부 참가자에게 비교적 하기 쉬운 스무 가지 행동 목록을 제공했다. 목록에는 개인적인 환경 영향을 줄일 수 있는 행동으로, 조명과 가전제품 전원 *끄기*, 수압이 낮은 샤워기 구입하기 등이 있었다. 연구진은 다른 참가자에게는 단 한 가지, 또는 다섯 가지, 열 가지 행동 목록을 제시했다.

대안을 더 적게(한 가지, 다섯 가지, 열 가지 대안) 제공하면, 비교적 쉬운 행동 스무 가지를 제안하는 것보다 평균적으로 두 가지 더 많은 행동을 실천했다. 스무 가지 실천행동을 제공받은 참가자들은 메시지에 압도되어 어떤 것을 수행할지 결정할 수 없었다. 또한 실천행동 개수가 가장 많은 경우에는 읽기를 아예 단념하기도 했다. 우리는 그 사고의 흐름을 정확히 알진 못하지만, 더 많은 대안이 주어질수록 아무것도 실행하지 않을 가능성이 크다는 사실을 알았다.

요청사항이 너무 많으면, 글을 읽는 사람이 행동할 가능성과 함께 메시지의 핵심 정보를 인지하고 기억할 가능성도 감소한다. 예를 들어 스무 가지 환경 친화적인 행동을 제공받은 참가자들이 메시지를 끝까지 읽지 않는다면, 행동 목록과는 별개로 기후변화에 대한 다른 중요한 정보를 놓치게 된다.

요청사항이 적어야 하기 때문에 작성자는 목표의 우선순위를 정해야 한다는 압박감에 시달릴 수밖에 없다. 인기 있는 웹사이트 〈비헤이비어럴 사이언티스트Behavioral Scientist〉는 인쇄잡지 판매량을 증가시킬 계획을 실행했다. 그들은 구독자에게 홍보 이메일을 보냈다. 이메일은 잡지의 최신호에 대한 정보 및 세부정보 링크와, 최근 과월호에 대한 링크 및 유사한 정보를 담고 있었다. 잡지 팀의 최우선 순위는 최신호를 홍보하는 것이었으나, 구독자의 주의집중력을 확보하는 동안 과월호도 홍보하는 게 낫다고 생각했다.

〈비헤이비어럴 사이언티스트〉는 (추측했겠지만) 행동과학자들이 운영하고 있다. 그래서 그들은 이메일에서 우선순위가 낮은 요청사항을 제거하면, 구독자가 우선순위가 높은 요청사항에 더 많이 참여하는지 시험해 보기로 결정했다. 여기서 높은 우선순위란 구독자가 최신호에 대한 정보를 얻을 수 있는 링크를 클릭하는 것이다. 먼저 이메일에 과월호에 대한 링크 하나를 보여주자 링크 클릭률이 50% 증가했다. 이에 또 다른 링크는 보너스처럼 보여 더 많은 구독자가 참여할 것 같았으나, 결과는 정반대였다. 과월호에 대한 링크를 하나 더 포함하면, 가장 중요한 요청사항에서 구독자의 주의를 분산시켜 최신호 링크를 클릭할 가능성이 크게 줄어들었다.

이메일 뉴스레터 구독자를 대상으로 한 다른 연구에서도 동일한 패턴이 나타났다. 전미경제연구소The National Bureau of Economic Research는 대표적인 경제학자들로 구성된 연구기관이다. 이 연구기관은 경제 분야에서 높은 평가를 받고 있는 주간 뉴스레터를 발행하는데, 뉴스레터에는 새로운 경제연구 내용이 담겨 있다. 각 뉴스레터에는 회원이 그 주에 제출한 모든 연구보고서에 대한 간략한 설명과 링크가 함께 실린다. 실리는 보고서의 수는 매주 다르다. 어떤 주는 10개, 그다음 주에는 30개가 실리기도 한다.

기관의 연구진은 연구를 진행하여 주간 뉴스레터에 보고서를 더 많이 추가하면 각 보고서가 그 분야와 매스컴 보도량에 어떤 영향을 미치는지 알아보았다.[17] '적을수록 더 좋다'는 원칙에 맞게, 뉴스레터에 실리는 보고서 수가 많을수록 구독자가 각 보고서에 클릭하는 빈도수가 감소하였다. 평균적으로 그 주의 보고서 수가 2배가 되면, 특정 보고서의 매스컴 보도량이 30% 정도 감소하였다. 또한 구독자가 보고서를 보려고 링크를 클릭하는 수, 보고서를 다운받는 수, 보고서를 인용하는 수도 감소하였다.

다들 그렇듯이, 경제 뉴스레터 구독자도 제한된 시간과 주의집중력을 갖고 있다. 주의집중력을 더 많이 요구할 때, 즉 클릭하는 연구 보고서 수가 증가할 때 작업에 할애하는 시간은 줄어든다. 그들은 단순히 각 보고서를 적게 클릭한다. 이렇게 보면 미래 노벨상 감이라 불릴 만한 가치 있는 연구의 영향력이 보고서 수에 달려 있을 수 있다.

우리는 일상생활에서 동일한 효과(규모는 좀 더 적겠지만)를 경험한다. 친구에게 문자메시지로 두 가지 질문을 하면 한 가지 질문에 답변을 받는다. 다양한 작업을 지시하는 업무 메일을 받으면, 그것들 중 기껏해야 한 가지만 수행한다. 한마디로, 간결함이 중요하다.

5장

원칙2:
읽기 쉽게 작성하라

TV시리즈 〈사인필드Seinfeld〉에서 주인공 제리 사인필드Jerry Seinfeld가 렌터카 사고를 겪는 에피소드가 한 편 있다. 그가 손상된 차량을 반납하려고 보니, 놀랍게도 당초 구매한 보험은 그 손상을 보상하지 않았다. 그가 렌터카 직원과 언쟁을 벌이던 중, 직원은 그를 꾸짖듯 말하기 시작한다. "손님, 렌터카 계약서를 읽어보셨다면…" 이때 사인필드가 트레이드마크인 분개한 목소리로 말을 뚝 끊으며 말한다. "그 계약서 두께 봤습니까? 미국 독립선언서만 해요. 대체 그걸 누가 읽습니까?"

사인필드가 쏘아붙이듯 응수하는 모습을 보면, 효과적인 실용적 글쓰기의 두 가지 주요한 방해요소를 확인할 수 있다. 바로 길이와 복잡성이다. 이미 앞서 언급했지만, 메시지가 길면 사람들은 읽는 것을 단념하고, 혹시 읽는다 해도 핵심 정보를 파악하기 어려울 수 있다. 그리고 메시지가 복잡하면 읽는 과정이 지나치게 어렵고 짜증스러워 비슷한 문제가 발생할 수 있다.

가독성readability이란 메시지의 복잡한 정도를 판단하는 방법이다. 메시지가 얼마나 쉽게 또는 어렵게 읽히는가 하는 정도를 양적으로 측정한 것이다. 가독성을 측정하는 다양한 공식이 있지만 일반적으로 단어 유형과 문장 길이, 전반적인 구성, 구문을 분석하여 측정한다. 평가결과는 독해를 가르치고, 학생에게 적정한 난이도의 텍스트를 찾아주며, 읽는 사람의 능력을 평가하는 데 도움이 된다. 미국은 1917년에 처음으로 가독성 지표를 개발하려고 노력했다. 제1차 세계대전이 일어난 직후로, 군인이 직무를 수행할 만큼 잘 읽을 수 있는지 평가하는 것이 목적이었다.[1]

가독성 측정은 대체로 미국 교육 시스템을 기초로, 글을 읽는 사람이 텍스트를 이해하는 데 필요한 수치 점수나 학년으로 표시된다. 예를 들어 7학년의 독해 수준으로 쓰인 글은 평균 7학년 학생이 이해할 수 있어야 한다. 〈뉴욕타임스〉를 읽으려면 11학년 수준의 독해 능력이 필요하다. 일반적인 동요를 이해하려면 4학년 수준의 독해 능력이 필요하다.

학년 수준으로 측정하면 몇 가지 명백한 문제가 있다. 학교 시스템과 표준이 미국 전역에서 아주 다양하기 때문이다(다른 국가들과 다른 것은 말할 것도 없다). 그러나 효과적인 글을 쓰는 작성자를 위한 핵심 개념은 가독성 그 자체의 특성이다. 즉, 더 짧고 일반적인 단어가 더 짧고 간단한 문장이 본래 읽기 더 수월하다는 것이다.

읽기 쉬운 글이 효과적이다

"문서 읽기를 중단하는 데 많은 것이 필요하지 않다. 내가 이해하지 못한다면 더 이상 읽지 않을 것이다."

"모든 내용이 모국어로 작성되어 있었지만, 복잡하기만 한 그 허튼 소리를 이해할 수 없었다. 내게는 그저 잘난 체하는 오류투성이 글처럼 보였다."

"난 궁금했다. 대체 내가 왜 그것을 읽어야 하는 거지?"[2]

이 인용문은 변호사가 아닌 사람들이 변호사와 일한 경험을 설명한 말이다. 우리 모두 이 인용문과 무관하지 않다. 모든 분야에는 고유한 전문용어와 특수용어가 있지만, 변호사는 그것들을 예술 수준으로 표현하는 것 같다. 복잡하고 읽기 어려운 메시지일수록 사람들이 읽을 가능성이 줄어든다. 설령 사람들이 메시지를 읽는다 해도 이해하지 못할 가능성이 크다. 그런데 가독성을 생각하지 않고 실용적인 글을 쓰는 경우가 비일비재하다. 계약이나 리스, (제리 사인필드처럼) 렌터카 계약서에 서명해 본 적이 있는 사람이라면, 이해할 수 없고 비효과적이며 복잡하기만 한 법률 용어가 빗발치듯 쏟아지는 상황에 익숙하다.

회사는 자신들이 사용하는 용어 및 조건, 법적 서류가 거의 읽히지 않는다는 사실을 알고 있다. 그리고 이런 난해함을 조용한 농담거리에 가끔 사용하기도 했다. 2017년 영국에서 2만 2,000명이 무료 공공와이파이에 등록하면서 자신도 모르게 사회봉사 1,000시간을 채우기로 동의한 일이 있었다. 영국에서 와이파이 서비스를 제공하고 있는 퍼플Purple은 '이용약관 서명에 대한 수비자 인식 부족'을 알리기 위해 조항 하나를 삽입했다고 말했다.[3] 또 다른 회사 게임스테이션GameStation은 2010년에 라이선스에 동의하는 만우절 조항을 추가했다. 이용자가 추가적인 단계를 취하지 않으면, '당신의 불멸의 영혼을 현재와 앞으로도 영원히 주장할 수 있다는 양도 불가능한 선택권'을 게임스테이션에게 부여한다는 조항이었다.[4] 게임스테이션이 이 약관으로 얼마나 많은 영혼에 대한 권리를 갖게 되었는지는 알 수 없었다.

아무리 일상에서 쓰는 글이라도 가독성이 낮으면 언젠가 죽을 수밖에 없는 인간의 삶에 중요한 영향을 미칠 수 있고, 이는 전혀 웃을 일이 아니다. 한 연구에 따르면, 의료보험 설문조사에서 동의서에 서명한 환자 60%가 그 동의서에 담긴 내용을 이해하지 못한다.[5] 제대로 이해하지 못한 환자를 의료 연구에 참여시키는 것이 과연 윤리적인가? 대부분의 사람이 아니라고 대답할 것이다. 그런데 중요한 의학 진보는 참여에 동의하는 환자들에게 달려 있고, 동의서의 규칙은 본질적으로 매우 복잡한 규칙과 규정에 달려 있다. 과학이 설명하기 어렵다면, 우리가 과학을 설명하는 더 좋은 방법을 찾아야 한다.

의약품은 정말로 너무 복잡해서 간단히 전달할 수 없는 걸까? 우리는 그렇게 생각하지 않는다. 이해하기 쉽게 글을 쓸 수 있고, 사실 대부분의 맥락에서 실용적인 글쓰기를 크게 개선할 수 있다. 가독성을 높이면, 전달하는 핵심 정보에 영향을 미치지 않고 법률 문서[6]와 교재[7]를 이해하는 수준을 높일 수 있다.

소셜 미디어에서도 사람들은 복잡한 게시물보다 간결하게 쓴 게시물에 더 관여한다. 한 연구에서 유명한 포토블로그인 〈휴먼스 오브 뉴욕Humans of New York〉에 3년 동안 올라온 페이스북 게시물 4,000개 이상을 분석했다.[8] 간단하게 작성된 게시물은 소셜 미디어에서 '좋아요'와 댓글, 공유를 더 많이 받았다. 한 학년씩 가독성 수준을 높이면(예를 들어 5학년 수준에서 4학년 수준으로 변경하면), 게시물이 추가로 1만 6,000개가 넘는 '좋아요'를 받는 것과 연관이 있었다.

곳곳에 있는 여행지 온라인 리뷰에도 유사한 현상이 동일하게 나타난다.[9] 여행자들은 종종 방문 장소, 음식, 숙박을 결정할 때 온라인 리뷰에 의존하는데, 리뷰 수(그리고 리뷰 유형)가 증가하자 어떤 리뷰를 신뢰할지 평가하는 일이 점차 어려워졌다. 그래서 유명한 여행 웹사이트 트립어드바이저Tripadvisior는 '이 리뷰가 도움이 되었습니까?'라는 기능을 만들었다. 여행자는 다른 여행자의 리뷰를 평가할 수 있고, 가장 많은 득표를 얻은 리뷰는 웹사이트 상단에 올라온다. 연구진은 루이지애나주의 뉴올리언스에 있는 106개 관광명소를 대상으로 리뷰 4만 1,061개의 가독성을 분석했다. 결과는 놀랍지 않았다. 당연히 읽기 쉬운 리뷰일수록 '도움이 되었다'는 득표를 더 많이 받았다.

일반적으로 가독성이 증가하면 효과성이 높아지지만, 예외가 있다. 많은 맥락에서 글을 읽는 사람들은 적합한 글쓰기 문체에 대한 강력한 사회적 또는 문화적 기대를 가지고 있다. 따라서 글을 쓰는 방식을 그러한 기대와 달리 한다면 사람들이 메시지를 받아들이는 방식에 영향을 미칠 수 있다. 실제도 미국 국립 보건원US National Institute of Health에 제출된 연구비 지원서 중 글이 더 복잡한 지원서가 평균적으로 후원을 더 많이 받는다. 동일한 효과가 킥스타터Kickstarter와 고펀드미GoFundMe 같은 투자를 호소하는 웹사이트에서도 관찰되었다.[10] 이런 맥락에서 글을 읽는 사람은 복잡한 글과 노력, 지능, 진지함 정도를 연관지을 수 있는 것이다.

그렇긴 해도, 어느 순간에 다다르면 글을 읽는 사람은 단순히 당신이 말하려는 것을 이해하지 못할 것이다. 따라서 '적을수록 더 좋다' 원칙을 염두에 두고 글을 쓰면 잘못될 일은 거의 없다. 즉, 복잡함을 최소한으로 줄인다는 목표로 글을 쓰면 읽는 사람과 더 잘 소통할 수 있다. 맥락에 관심을 기울이면서도 읽기 더 쉬운 글이 본질적으로 더 효과적인 글이 된다는 사실을 기억해야 한다.

읽기 쉬운 글이 명확하다

더 적은 단어를 쓴다고 해서 무조건 이해하기 더 쉬운 것은 아니다. 예상과 달리, 비전형적이고 터무니없는 장황한 어휘를 사용하여 간결한 언어 단위를 구성할 수 있다(해석: 친숙하지 않은 긴 단어를 사용해서 더 짧은 문장을 쓸 수 있다). 또한 사용할 단어를 선택하는 것이 중요하다. 단어 개수가 동일한 메시지가 2통이 있는 경우, 더 간결한 단어로 쓴 메시지를 읽는 것이 시간과 노력이 더 적게 든다.[11]

단어 개수와 서식 등 다른 모든 것이 동일할 때, 내용을 읽기 어려우면 사람들이 소통에 관여할 가능성이 감소하고, 관여한다 해도 시간이 필요하다. 더 복잡한 글을 읽을 때 주의가 분산되고 딴생각으로 빠지기 쉽다.[12] 사람들은 메시지를 이해하지 못하거나 이해하는 데 전념할 시간이 없다면 그냥 읽는 것을 포기하고 다음으로 넘어간다. 불필요하게 복잡한 스타일로 글을 쓰면 현실 세계에서는 심각한 결과가 일어나기도 한다. 이를테면 공공문서의 가독성은 환자가 참여하기로 동의한 의학 연구를 이해하는지[13], 시민이 투표를 할 것인지[14], 학부모가 자녀를 학교에 보낼 것인지[15] 여부에 영향을 미친다.

또한 읽기 쉽지 않은 글은 문해력이 제한된 개인에게 불균형하게 영향을 미친다. 이들 중 대다수는 역사적으로나 조직적으로 배척된 사람들이다. 미국 성인의 절반이 8학년 이하의 독해 수준을 갖고 있다.[16] 미국 성인의 20%는 제2외국어로 영어를 말하고 읽으며,[17] 일부 연구진은 비슷한 비율의 성인이 난독증으로 일상생활에 영향을 받는 것으로 추정한다.[18] 읽기 어려운 글은 이 범주에 속한 사람들은 물론이고 많은 사람의 접근을 방해하는 추가요소로 작용한다.

가장 박학다식하고 언어 실력이 뛰어난 사람이라도 복잡한 메시지보다 간단한 메시지가 읽고 이해하기 더 쉽다. 직접 한번 시험해 보라. 다음 중 어느 구절이 읽기 더 쉬운가? 사람들 대부분, 8학년 독해수준의 구절을 훨씬 더 빠르고 쉽게 읽을 수 있을 것이다.

대학 2학년 독해 수준

가독성 측정은 단일의 양적 점수, 또는 (미국 시스템을 기초로) 글을 읽는 사람이 텍스트를 이해할 것으로 기대하기 위해 완료해야 할 학년 수준으로 표시된다.

예를 들어 〈뉴욕타임스〉는 11학년 독해 수준으로 작성되는 반면, 대부분의 동요는 4학년 독해 수준으로 작성된다. 짧고 친숙한 단어, 짧은 문장, 간단한 문장 구조, 능동태를 이용하면 필요한 독해 수준을 낮춰 텍스트 이해도를 개선할 수 있다.

글의 가독성은 종종 하나의 숫자로 표시할 수 있다. 또는 (미국 시스템을 기초로) 글을 읽는 사람이 텍스트를 이해하기 위해 완료해야 할 학년 수준으로 표시할 수 있다.

예를 들어 〈뉴욕타임스〉는 11학년 독해 수준이 필요하다. 대부분의 동요를 이해하려면 4학년 독해 수준이 필요하다. 독해 수준을 낮추려면 짧고 친숙한 단어, 짧은 문장, 단순 시제, 능동태를 이용하라. 이렇게 하면 더 많은 사람이 메시지를 읽는 데 도움이 될 수 있다.

미국 정부는 이 사실을 잘 알고 있다. 미국 정부 기관은 국민이 읽을 수 있게 소통하도록 법으로 강제한다. 2010년 알기 쉬운 문서 작성에 관한 법The Plain Writing Act of 2010에 따라, 정부 기관은 국민이 '이해하고 사용할 수 있는' '쉬운' 언어로 공문서를 써야 한다. 이 법률에 따르면, 연방 세금 양식부터 사회보장 혜택 신청서까지 미국의 모든 연방 문서를 명확하고 간단한 언어로 작성해야 한다. 그런데 아이러니하게도 미국 연방 쉬운 언어 가이드라인Federal Plain Language Guideline19은 118페이지짜리 문서로, 10학년 독해 수준으로 작성되었다. 정부가 효과적인 글쓰기를 규제할 수 있는 수준에는 한계가 있다.

작성자들은 글에 지나치게 많은 단어와 너무 많은 생각을 담는 것처럼 지나치게 복잡한 언어를 사용하는 경향이 있다. 이 문제는 단지 정부 문서와 의료동의서뿐 아니라 모든 글에서 나타난다. 2019년에 법률 및 비즈니스 연구진은 500개가 넘는 일반적인 웹사이트의 이용약관 동의서를 분석하였는데, 평균적으로 동의서의 가독성은 학술지 논문과 비슷한 수준으로 나타났다. 대다수의 성인은 그 수준으로 작성된 동의서를 이해하기 어렵다.[20]

신용카드 발급 동의서, 연구 동의서, 보험서류도 동일했다.[21] 몇몇 경우를 보면 비윤리적인 의도가 다분하다. 어떤 신용카드 회사는 고객이 이용약관을 읽지 않기를 바란다. 그래야 카드 결제대금 미납으로 발생하는 연체수수료와 이자 누적이 초래할 모든 결과를 고객이 알지 못하니까 말이다. 또 어떤 렌터카 회사는 고객에게 자신들이 책임져야 할 손해의 종류를 알리고 싶어 하지 않는다. 이렇게 나쁜 의도를 가진 회사나 개인의 경우, 텍스트의 가독성을 떨어뜨림으로써 고객에게 알리고 싶지 않은 정보를 숨긴다.

물론 이 책을 읽고 있는 당신은, 그들과는 반대편에 서 있다고 생각한다. 당신과 우리는 말하고자 하는 메시지를 사람들이 확실히 이해하길 원하는 입장이다. 그래서 가독성을 높이려는 전략에 집중하는 것이다. 이번에도 역시 가독성을 높이는 규칙이 있다. 더 짧고 일반적인 단어를 사용하고, 간단하고 더 짧은 문장을 사용하라.[22]

읽기 쉬운 글쓰기의 규칙

규칙1: 짧고 일반적인 단어를 사용하라

1세기 훨씬 전에, 마크 트웨인은 간결한 언어의 중요성을 한마디로 표현했다. "50센트짜리 단어로 충분한 것을 5달러짜리 단어로 설명하지 말라."**23** (음. *아마 그가 이렇게 말했을 거라 짐작한다. 사실 이 인용문의 실제 기원은 분명하지 않다. 너무 많은 사람이 이 인용문과 관련되어 있고 수년 동안 반복해서 말했기 때문이다.*) 5달러짜리 단어는 50센트짜리 단어보다 더 애매모호하고 더 복잡하며 더 멋부린 것으로 생각되는 편이다. 우리 목적에 가장 중요한 사실은 5달러짜리 단어가 읽기 더 어렵고 더 많은 시간이 소요되는 편이라는 사실이다. *도외시하다*와 *무시하다*를 비교해서 생각해 보라. 어떤 단어가 읽고 이해하는 데 더 수월한가?

일반적으로 음절이 적은 단어와 더 흔히 사용되는 단어를 쉽고 빠르게 읽을 수 있다. 엔그램 뷰어Ngram Viewer라는 구글 도구가 있다. 이 도구는 오랜 시간 동안 온라인에서 이용할 수 있는 모든 텍스트에 사용된 다양한 영어 단어의 빈도수를 보여 준다.**24** 엔그램 뷰어는 두 단어가 동의어일 때, 더 짧은 단어가 일반적으로 더 널리 쓰인다는 사실을 보여 준다. *다음*next은 *뒤따르는*subsequent보다, *얻다*get는 *획득하다*acquire보다, *보이다*show는 *시연하다*demonstrate보다 더 일반적이다. 이것이 읽기 쉽게 글을 쓰는 핵심 요소다. 효과적인 글을 쓰는 작성자는 5달러짜리 허세를 버리고, 더 길고 흔치않은 단어를 더 짧고 일반적인 단어로 대체한다.

여기서 두 가지 개념을 융합한다는 사실에 주목해야 한다. 대체로 더 짧은 단어가 긴 단어보다, 더 일반적인 단어가 흔치않은 단어보다 가독성이 더 높다. 이런 개념들은 매우 자주 합쳐진다. 예를 들어 낮추다는 *저해한다*보다 글자와 음절이 더 적고 더 입에 붙는다. 그렇지만 가끔 길이와 일반성이 일치하지 않는다. *영명한*은 *박학다식한* 보다 음절은 적지만 일반성은 떨어진다. 이런 경우, 우리는 *박학다식한*을 선택하는 편이다. 단어의 의미가 더 많이 알려졌기 때문이다.

어떤 단어를 선택하느냐에 따라 글은 읽기 더 쉽거나 더 어려워지고, 선택한 단어는 꾸준하게 영향을 미친다. 다음 두 가지 문장을 살펴보라.

가독성이 낮은 문장

필경사가 기교적이고 이례적인 단어를 사용할 시, 글을 읽는 사람의 지각력을 저해한다.

가독성이 높은 문장

작성자가 멋부린 특이한 단어를 쓸 때, 글을 읽는 사람의 이해력을 낮춘다.

두 문장의 전체 단어 수는 동일하다(단어 11개). 그러나 가독성이 낮은 유형의 단어(음절 35개)는 가독성이 높은 유형의 단어(음절 29개)보다 음절 수가 더 많다. 또한 가독성이 낮은 유형의 단어는 훨씬 일반적이지 않은 단어를 사용한다. '필경사'는 '작성자'보다, '이례적인'은 '특이한'보다, '저해한다'는 '낮춘다'보다 흔치 않은 단어다. 글을 읽는 사람은 흔치 않은 단어를 인지할 때 읽는 속도가 떨어지고 집중하는 일이 어렵다.

실제로 캐나다의 한 도시에 부착된 이 표지판을 사례로 살펴보자. 이 표지판은 2014년 쉬운언어센터Center for Plain Language에서 실패한 작업상WTF Award을 받았다.[25] ('WTF'를 다른 뜻으로 알고 있겠지만, 여기서는 'Work That Failed'의 약자다.) 매년, 정부가 쓸데없이 읽기 어

**모든 사람은
다음에 의거하여
반려동물의
배설물을
모두 수거해야
합니다.**
법률 #122-87
최대 벌금
$2000.00
감사합니다.

럽게 소통한 경우에 실패한 작업상을 수여한다.

이렇게 쓸데없이 복잡한 표지판 때문에 반려동물의 배설물을 치우지 않은 사람들이 얼마나 많은지 누가 알겠는가. 우리가 학생들에게 이 표지판을 보여줬을 때, 한 학생이 대체 표지판으로 다음과 같은 메시지를 제안하였다. 우리 눈에는 훨씬 개선된 형태로 보였다. 분명히 관료적 글쓰기에 능숙한 사람이라도 더 짧고 흔한 단어를 사용한 이 메시지를 더 좋아할 것이다.

반려동물의
개똥을
치우세요.

법률 #122-87
최대 벌금
$2000.00
감사합니다.

더 짧고 일반적인 단어를 사용하면 모든 유형의 글이 더 효과적으로 될 수 있다. 이것은 이미 매체의 규칙으로 간결하게 쓸 수밖에 없는 트윗도 마찬가지다(엑스(구: 트위터) 게시물 1건 당 입력할 수 있는 글자 수는 최대 280자다). 연구자들은 트윗에 사용된 단어가 얼마나 일반적인지를 토대로, 트윗 수십만 개의 가독성을 분석했다. 가장 일반적인 단어를 사용한 트윗은 가장 흔치 않은 단어를 사용한 트윗보다 75%가 넘는 리트윗을 받았다.[26] 당신 역시 '의거하여' 이후 나오는 지시사항을 트윗하고 싶진 않을 것이다.

그러나 때로 작성자는 특정 메시지나 어조를 전달하기 위해 가독성 규칙을 변경할 필요가 있다. 예를 들어 그들의 전문성과 지성, 중요성을 알리기 위해 더 흔치 않은, 더 복잡한 단어를 사용할 때도 있다. 일부 전문 영역은 비전문가가 얘기하지 않아도 되는 개념을 정확하게 말하려고 전문 어휘를 개발했다. 다른 맥락에서 글의 복잡성은 경험법칙으로 작용하여 작성자의 능력과 지성을 평가한다. 이것은 특히 작성자와 읽는 사람 사이에 역학관계가 존재하는 경우에 일어날 수 있다. (예를 들어 전문가적 지위나 사회적 지위 측면에서) 비교적 지위가 낮은 작성자가 간단히 쓴다면 똑똑해 보이지 않는 위험이 있다. 반면, 지위가 높은 작성자는 간단명료하고 솔직하다며 칭찬을 받을 수 있다.

작성자가 자신도 모르게 멋부린 단어를 사용할 때 문제가 발생한다. 여러 측면에서 읽는 사람의 이해와 작성자의 목표를 저해할 수 있다. 많은 맥락에서 '멋부린' 대신에 '기교적인' 단어를 사용하면 가식적이거나 배타적으로 비칠 수 있다. 이 책의 초반에 우리는 의사결정을 하거나 상황을 이해하는 데 필요한 정신적 노력을 줄이기 위해 사람들은 개념적인 지름길을 사용한다고 했다. 그리고 우리는 이런 지름길을 설명하기 위해 '휴리스틱' 대신에 '경험법칙'이란 용어를 썼다. 두 용어는 동일한 의미다. 차이가 있다면 '휴리스틱'은 학계에서 사용하는 표준용어다. 그래서 학계 사람이 아니면 거의 잘 사용하지 않는다. 우리가 처음에 '휴리스틱'을 썼다가 다시 돌아가 '경험법칙'으로 수정한 이유다. '경험법칙'이 우리 목적에 더 효과적이라는 사실을 깨달은 것이다.

대체로 실용적인 글쓰기에서는 더 긴 단어나 흔치 않은 단어를 사용할 필요가 없고, 사용해서 이익을 얻는 것도 없다. 오히려 더 복잡하고 가독성이 낮은 언어를 사용해서 발생하는 단점은 아주 크다. 어느 연구에서, 연구진은 참가자에게 180개 상장회사가 공개한 윤리강령을 읽고 그 회사가 얼마나 도덕적이고 신뢰할 수 있다고 생각하는지 평가하도록 요청했다. 연구 결과, 회사 윤리강령이 읽기 어려우면 도덕성과 신뢰성이 떨어지는 회사로 평가되었다.[27]

몇몇 연구에서 작성자가 더 간단한 단어를 사용하면 실제로도 간단하지 않은 단어를 사용한 작성자보다 읽는 사람에게 더욱 지적으로 비춰진다고 나타났다. 이런 결과를 보고한 학술논문의 제목은 놀랍게도 이와 같았다. '필요에 관계없이 사용된 영명한 용어의 결과: 쓸데없이 긴 단어를 사용하는 문제Consequences of Erudite Vernacular Utilized Irrespective of Necessity: Problems with Using Long Words Needlessly'[28]. 이 논문에서 대학생은 복잡한 언어를 사용한 작성자를 더 간단한 언어를 사용한 작성자보다 똑똑하지 않은 것으로 평가했다. 이 논문은 2006년 이그 노벨 문학상Ig Nobel Prize for Literature을 수상했다. 이그 노벨상은 처음에는 사람들을 웃겼다가 나중에는 생각하게끔 하는 성취를 달성한 논문에 수여하는 상이다.

학계에서도 가독성이 높은 글을 선호하는 쪽으로 생각이 바뀌었다. 마케팅 전문가와 학자를 위한 협회인 미국 마케팅협회American Marketing Association는 논문을 쓸 예정인 저자에게 논문은 해독하는 것이 아니라 읽을 수 있게 작성되어야 한다고 가르친다.[29] 권위 있는 학술지 〈네이처〉는 제출된 논문은 명쾌하고 간단하게 쓰여야 한다고 명시한다. 그래야 다른 학문 분야에 속한 사람과 영어가 모국어가 아닌 사람이 쉽게 이해할 수 있기 때문이다.[30] 학계도 효과적인 글을 높이 평가하는 것으로 나타난다. 심지어 어느 연구에서는 가독성이 가장 높은 학술 논문이 가독성이 가장 낮은 논문보다 상을 받을 가능성이 5배 높다는 사실이 드러났다.[31]

더 길고 흔치 않지만 (잠재적으로) 더 정확한 단어를 사용하는 것과 가독성 간 균형을 조율할 때, 스스로 두 가지 질문을 해 보라. 첫째, 문장 핵심을 전달하는 데 미묘한 단어 차이가 얼마나 중요한가? 둘째, 읽기 어려운 단어가 전달하는 추가적인 의미가, 글을 읽고 이해하는 사람의 수가 줄어드는 데 따르는 비용과 이해하는 사람이 더 많은 노력을 기울여야 하는 비용만큼 가치가 있는가? 다양한 맥락에 따라 각기 다른 해결책이 필요하지만, 작성자는 글을 읽는 바쁜 사람에게 부과되는 비용을 항상 따져 봐야 한다. 그 5달러짜리 단어들은 그 비용만큼 가치가 없을 수도 있다.

규칙2: 문장을 더 직선적으로 써라

어떤 단어가 다른 단어보다 읽는 데 시간과 노력을 더 많이 요구하는 것처럼 문장도 마찬가지다. 인간은 쓰고 읽을 수 있는 능력을 개발하기 훨씬 오래전부터 말하고 듣도록 진화되었다. 우리는 불완전한 짧은 문장으로 말하는 편이라 길고 완전한 문장은 구어에서 비교적 드문 편이나. 그래서 우리 너는 불완전한 짧은 언어 구조를 이해하기 쉽도록 진화했다. 우리에게 제한된 정신력으로 길고 완전한 문장을 읽기란 어려운 도전이 되었다. 이런 진화적 측면은 작성자에게 효과적인 글쓰기로 안내하는 데 도움을 준다. 어쩌면 너무 간단하고 심지어 유치한 조언처럼 들릴지도 모른다. 그러나 더 짧고 직선적인 문장을 쓰는 방법을 정확하게 이해하는 것은 굉장히 유용한 능력이다.

능동태와 일인칭, 병렬구조를 사용하고 주어와 동사, 목적어를 서로 가까이에 두는 것처럼, 문장의 가독성을 개선하는 문법적 접근방법은 많다.[32] 그러나 이런 종류의 규칙을 설명하기도, 기억하고 준수하기도 어렵다. ('병렬구조'의 뜻을 정확히 알고 있는 사람이 얼마나 되겠는가?) 우리는 모든 접근법을 단순하게 딱 한 가지 개념으로 묶는다. *한 번의 읽기로 문장 의미를 이해할 수 있도록 써라.*

직선적인straightforward 문장은 논리적 순서대로 관련된 모든 단어와 구절을 서로 가까이 둔다. 각 단어가 이전 단어를 바탕으로 하여 사람이 문장 끝을 향해 읽어가면서 문장을 이해하는 데 도움이 된다. 이 구조 덕분에 글을 읽는 사람은 빠르고 최소한의 노력으로 문장 개요를 이해할 수 있다.

덜 직선적인 문장

이 문장이 쓰인 방식이 있는데, 추가 절과 이상한 구문이 있어서, 나는 사람들이 이해할지 모르겠다.

더 직선적인 문장

추가 절과 이상한 구문이 있어서, 나는 사람들이 이 문장이 쓰인 방식을 이해할지 모르겠다.

두 문장은 모두 문법적으로 맞고 동일한 단어와 구문을 포함한다. 차이는 배열된 순서인데, 그 차이가 엄청나다. '나는 사람들이 이해할지 모르겠다'라는 구문은 '이 문장이 쓰인 방식'과 관련 있다. 덜 직선적인 유형에서, '추가 절과 이상한 구문이 있어서'란 구문이 이 두 요소를 방해한다. 글을 읽는 사람은 '나는 사람들이 이해할지 모르겠다'에 도달했을 때, 어떤 구문과 관련 있는지 잘 모를 수 있다. 그들은 이 문장 첫 부분으로 돌아가 다시 시도해야 한다. 반면,

더 직선적인 문장을 읽는 사람은 단어와 구문이 하나씩 늘어남에 따라 문장을 차근차근 이해할 수 있다.

직선적인 문장은 관련 단어와 구문이 서로 옆으로 이어지게 차례 때로 배열한다. 그러면 이전 단어와 구문 다음에 오는 것을 쉽게 이해한다. 즉, 직선적인 문장을 읽는 사람은 앞뒤로 옮겨 다니지 않아도 된다. 단어와 구문을 가깝게 순서를 유지하면 문장을 한 번 읽는 것만으로 전체 의미를 더 잘 이해할 수 있고, 도중에 읽는 것을 그만둘 가능성이 줄어든다.

규칙3: 문장을 더 짧게 써라

우리는 이미 단어를 더 적게 사용하는 방식의 장점을 살펴보았다. 그러나 우리가 전체 단어 개수를 일정하게 유지한다고 해도, 문장을 더 짧게 쓰면 대체로 메시지를 더 쉽게 읽을 수 있다. 직접 이것을 입증해 볼 수 있다. 대체로 20개 단어로 된 한 문장보다, 10개 단어로 된 두 문장을 읽는 것이 더 쉽다. 바로, 문장의 평균 길이가 수년 동안 줄어든 한 가지 이유다.[33] 1800년에 출간된 소설책은 한 문장이 평균 27개 단어로 구성되었던 반면, 2000년에 출간된 소설책은 한 문장이 평균 10개 단어에 불과했다.[34] 문장 길이가 감소했다는 사실이 우리 지능이 떨어졌다는 뜻은 아니다. 오히려 그 반대다. 수많은 연구에서 전 세계적으로 아이큐가 향상됐다는 사실이 드러났으며, 이 현상을 플린 효과Flynn effect라 부른다.[35]

마찬가지로 미국 대통령의 취임 연설도 시간이 지나면서 문장이 더 짧아지고 있다. 1789년 조지 워싱턴Geroge Washington 대통령 연설에서는 처음 다섯 문단이 평균 42개 단어로 이뤄졌지만, 2021년 조셉 바이든Joseph Biden 대통령 연설에서 처음 다섯 문단은 평균 5개 단어에 불과했다. 우리(저자들)에게 맞는 데이터만 선별해서 골라 말하는 게 아니다. 우리가 살펴본 거의 모든 자료에서 문장 길이가 점차 꾸준히 감소한 것이 확인됐다.[36]

학자들은 이런 변화의 이유를 논의했고, 그 이유 중 한 가지가 제법 명확하다. 문장이 바로 읽기 더 쉬워졌다는 것이다. 짧고 가독성 있는 문장이 점차 친숙해지고 문화적으로도 더 많이 받아들여진다는 의미다.

짧은 문장이 긴 문장보다 읽기 쉬운 이유는 문장이 길수록 그 안에 담긴 생각이 한 가지가 넘는 일이 빈번하기 때문이다. 사람들은 문장을 앞에서부터 차례대로 이해하고 넘어가라고 배운다. 시선을 추적하는 연구를 보면, 실제로 이렇게 작용하는 것을 포착할 수 있다. 읽는 사람의 눈이 문장 끝의 마침표에 도달하면 시선이 잠시 멈추는데, 문장을 처리하고 통합하는 것처럼 보인다.[37] 실제로 문장 끝의 마침표는 어떤 개념이 지금 완료되었다는 것을 나타내므로, 사람들은 글을 읽을 때 잠시 멈춰서 문장을 처리하고, 완성된 문장을 확실히 이해한 후 다음으로 넘어간다. 문장이 길면 읽는 사람은 전체 문장을 처리하기 전에 마음속에 더 많은 내용을 담고 있어야 하고, 더 많은 인지 작업이 필요하다. 특히 문장이 별개의 생각을 다수 포함하고 있다면 더욱 그렇다.

미국 대통령 취임사 처음 다섯 문단: 1789년 VS 2021년[38]

1789년 조지 워싱턴	2021년 조셉 바이든
삶에 다양한 우여곡절이 있었지만, 여러분의 명령으로 이 달 14일에 통지를 받은 그 사건만큼 더 큰 불안감을 제게 안겨준 적은 없었습니다. (단어 20개)	오늘은 미국의 날입니다. (단어 3개)
한편으로, 저는 가장 큰 애정과 변하지 않을 굳건한 결심으로 제가 선택한 은신처로부터, 존경과 사랑 없이는 들을 수 없는 조국의 부름을 받았습니다. 그 노후를 위한 은신처는 성향에 습관이 더해지고 세월이 흐르면서 점차 쇠약해지고 빈번하게 건강 문제가 생겨, 제게는 날이 갈수록 더욱 소중할 뿐 아니라 더욱 필요한 곳이었습니다. (단어 46개)	오늘은 민주주의의 날입니다. (단어 3개)
또 한편으로, 본래 남보다 못한 재능을 타고났고 민정에 몸담은 경험이 없기에 스스로의 부족함을 유독 의식해야 했던 저로서는, 조국이 저를 불러 맡긴 책임의 막중함과 어려움에 어찌할 수 없는 무력감에 빠졌습니다. 사실 그 책임은 이 나라 국민 가운데 가장 현명하고 경험이 많은 사람이라 할지라도 자신의 자질에 대해 의구심을 불러올 수밖에 없을 만큼 막중하고 어려운 것입니다. (단어 52개)	역사와 희망의 날이자, (단어 3개)
이렇게 감정이 요동치는 상황에서 제가 감히 단언하는 것은, 영향을 받을 수 있는 모든 상황에 대한 정당한 평가로부터 나의 의무에 집중하기 위하여 성실하게 노력해 왔다는 것입니다. (단어 25개)	부활과 결의의 날입니다. (단어 3개)
이 임무를 수행함에 있어서 이전 사례에 대한 감사한 기억이나 동포들이 보여 준 이 굉장한 신뢰의 증표에 대한 애정 어린 감정에 지나치게 동요하여, 제 앞에 놓인 중대하고 시행해 보지 않은 걱정들에 대한 저의 무능력과 부족한 열의를 충분히 고려하지 않았습니다. 그럼에도 제가 전적으로 바라는 것은, 저의 과오는 저를 잘못 인도한 동기를 살펴 참착해 주시고, 그 동기에 담긴 얼마간의 편애를 갖고서 조국이 제 과오의 결과를 판단해 주시는 것뿐입니다. (단어 64개)	오랜 세월 동안 미국은 시련을 겪으며 새로이 시험대에 올랐고 도전에 맞서 왔습니다. (단어 12개)

앞서 처음 두 문장을 통합한다면 어떨지 생각해 보라.

분리된 문장

우리는 이미 단어를 적게 사용하는 방식의 장점을 살펴보았다. 그러나 우리가 전체 단어 개수를 일정하게 유지한다고 해도, 문장을 더 짧게 쓰면 대체로 메시지를 더 쉽게 읽을 수 있다.

통합된 문장

우리는 이미 단어를 적게 사용하는 방식의 장점을 살펴보았는데, 우리가 전체 단어 개수를 일정하게 유지한다고 해도 문장을 더 짧게 쓰면 대체로 메시지를 더 쉽게 읽을 수 있다.

분리된 문장은 단어 27개, 문장 2개, 생각 2개를 포함한다. 각 문장에 포함된 핵심 생각은 한 개씩이다. 종합하면, 이 문장은 8학년 독해 수준으로 작성되었다. 통합된 문장은 단어 개수가 26개, 하나의 긴 문장으로 통합되었다. 텍스트는 여전히 문법적으로 정확하지만 두 가지 생각이 한 문장 내에 모두 포함되어 있다. 따라서 읽는 사람은 글을 읽는 과정을 처리하고 읽는 동안 계속 추적해야 한다. *통합된* 문장은 *분리된* 문장과 동일한 단어를 사용하지만 문장 길이는 대학교 2학년 수준으로 작성되어 있다.

규칙 실행: 가독성 있는 글은 어떤 모습인가

읽기 쉽게 가독성 규칙을 적용하는 것이 글을 지나치게 단순화시킨다는 뜻은 아니다. 어니스트 헤밍웨이의 《노인과 바다》는 4학년 독해 수준으로 쓰였다. 그런데도 이것은 불멸의 작품인데다 헤밍웨이에게 노벨문학상을 안겨준 작품이다. 이는 그의 '간단한' 문체가 그 당시 문학적 표준과 대비되었기 때문이기도 하다.

읽기 쉬운 문체로 글을 쓰는 것이 글을 쓰기 쉽다는 건 아니다. 많은 사람이 고등학교와 대학교에서 배웠던 지나치게 형식적이고 대단히 난해한 기법들을 잊어야 할 것이다. 대부분의 직장 동료, 공저자, 상사는 복잡한 글이 더 똑똑해 보이고 더 전문가답게 보인다는 생각을 고수한다. 당신은 이런 사람들에게 맞서 반박해야 한다. 짧고 일반적인 단어를 사용한 직선적인 문장으로 글을 쓰려면 시간과 주의집중력은 더 필요하다. 그럼에도 투자할 만한 가치가 있다. 사람들이 읽지 않는다면 우리가 쓴 글은 아무런 의미가 없기 때문이다. 훈련만 하면 글을 가독성 있게 쓰는 것이 더 쉬워진다.

이제부터 훈련을 시작한다. 가독성 있게 글을 수정하는 것이 어떻게 이뤄지는지 한번 보라. 우리는 복잡한 문장구조로 시작한 다음, 차례대로 각 규칙을 적용할 것이다. 다음 문장은 대중이 공공 정책에 직접 투표하는 선거투표 발의안에서 발생한 문제를 다룬 기사에서 발췌한 것이다.[39] (아이러니하게도 기사는 애매모호한 언어의 문제를 지적하려고 작성되었다!)

투표용지 법안은 음험할 정도로 혼잡한 언어로 자주 교묘하게 작성되고, 논쟁을 초래하는 세부사항을 추상적으로 만들도록 계획되어, 24개 주와 워싱턴에서 직접민주주의의 도구로 전파된다.

규칙1을 적용하라: 짧고 일반적인 단어를 사용하라. 우리는 길고 흔치 않은 단어를 더 짧고 일반적인 단어로 대체하여 문장을 편집할 것이다.

투표용지 법안은 ~~음험할 정도로 혼잡한 언어로 자주 교묘하게 작성되고~~ **복잡한 언어로 자주 작성되고,** ~~논쟁을 초래하는 세부사항을 추상적으로 만들도록~~ **논란이 있는 세부사항을 감추도록** 계획되어, 24개 주와 워싱턴에서 직접민주주의의 도구로 ~~전파된다~~ **사용된다.**

투표용지 법안은 복잡한 언어로 자주 작성되고, 논란이 있는 세부사항을 감추도록 계획되어, 24개 주와 워싱턴에서 직접민주주의의 도구로 사용된다.

규칙2를 적용하라: 직선적인 문장으로 써라. 중요한 문장 요소를

가까이에 배치함으로써, 한 번 읽어서 쉽게 이해할 수 있게 문장을 편집할 것이다.

투표용지 법안은 <u>복잡한 언어로 자주 작성되고, 논란이 있는 세부사항을 감추도록 계획</u>되어**된다**. 24개 주와 워싱턴에서 직접민주주의의 도구로 사용~~된다~~ **되고,**

투표용지 법안은 24개 주와 워싱턴에서 직접민주주의의 도구로 사용되고, 복잡한 언어로 자주 작성되어 논란이 있는 세부사항을 감추도록 계획된다.

마지막으로 규칙3을 적용하라: 문장을 더 짧게 써라. 각각의 생각을 분리함으로써, 읽는 사람이 작성자의 핵심 의미에 집중하는 것이 더 쉬워진다.

투표용지 법안은 24개 주와 워싱턴에서 직접민주주의의 도구로 사용~~되고~~ **된다.** 그리고 **그것들은** 복잡한 언어로 자주 작성되어 논란이 있는 세부사항을 감추도록 계획된다.

투표용지 법안은 24개 주와 워싱턴에서 직접민주주의의 도구로 사용된다. 그리고 그것들은 복잡한 언어로 자주 작성되어 논란이 있는 세부사항을 감추도록 계획된다.

우리는 이 글에서 3단계 과정을 거쳐, 아래 문장에서

투표용지 법안은 음험할 정도로 혼잡한 언어로 자주 교묘하게 작성되고, 논쟁을 초래하는 세부사항을 추상적으로 만들도록 계획되어, 24개 주와 워싱턴에서 직접민주주의의 도구로 전파된다.

다음 문장으로 변경했다.

투표용지 법안은 24개 주와 워싱턴에서 직접민주주의의 도구로 사용된다. 그리고 그것들은 복잡한 언어로 자주 작성되어 논란이 있는 세부사항을 감추도록 계획된다.

본래 문장은 석사 학위를 받은 사람이 읽기에 적합한 수준으로 작성되었다. 한편 마지막 두 문장은 10학년이 읽기에 적합한 수준으로 작성되었다. 이 문장은 글을 읽으려고 고군분투하는 사람부터 단순히 너무 바빠서 또는 주의가 분산되어 '음험할 정도로'가 무엇을 의미하는지 바로 떠올릴 수 없는 사람까지, 글을 읽는 모든 사람이 이해하기 쉽다. 무엇보다 이 최종 문장은 더 적은 시간과 주의집중력을 요구하여 사람들이 읽을 가능성을 높인다.

6장

원칙3:
탐색하기 쉽게 구성하라

바쁜 사람을 위한 글쓰기의 핵심 중 하나는 엄밀히 말해서 글쓰기에 대한 것은 아니다. 바로 구성*design*에 대한 것이다. 핵심은 작성한 내용을 탐색하기 쉽게 구성하는 것이다. 읽는 사람이 메시지를 봤을 때 메시지의 목적과 핵심, 구조를 즉시 파악할 수 있어야 한다. 그리고 단어를 배치할 때는 읽는 사람이 관여하고 싶은 부분, 건너뛰거나 훑어보고 싶은 부분을 빠르게 찾도록 도움을 주는 방식이어야 한다.

탐색 사고방식*navigation mindset*으로 전환하려면, 메시지를 일련의 단어로 생각하지 말고 지도 형태로 생각하라. 지도는 일반적으로 자신의 위치를 찾을 수 있도록 넓게 확대된 화면에서 출발한다. 구글 지도를 열어 보면 현재 위치를 보여 주는 광역 조감도가 기본설정으로 되어 있다. 종이 지도도 유사하게 국가부터 주까지 아우른다. 종이든 온라인 형태든 일반적인 미국 지도를 생각해 보라. 국경과 주 경계선은 지금 내가 어떤 국가를 보고 있는지 명확히 나타낸다. 더 세부적인 표시가 있으면 주요 호수, 도시, 여러 관심장소를 쉽게 확인할 수 있다. 그 후 원하는 영역을 확대하여 세부정보를 얻을 수 있다.

읽는 사람이 글에 접근하는 방식은 사람들이 지도를 이용하는 방식과 공통점이 많다. 그들은 대게 큰 그림을 먼저 보기 시작해서 가장 흥미롭거나 관련 있어 보이는 부분을 확대한다. 글을 읽는 과정도 생각해 보라. 신문 전체를 읽거나 홈페이지 전체를 살펴보지 않고 곧바로 지역 뉴스나 스포츠 뉴스로 건너뛸 수 있다. 자동차 여행 계획을 세울 때 유타Utah주, 그 다음에 솔트레이크시티Salt Lake City로 확대하는 것처럼 말이다. 이와 마찬가지로 바쁜 사람은 일반적으로 한 줄 한 줄 읽지 않는다. 따라서 지도와 같이 쉬운 탐색을 할 수 있는 글을 쓴다면 읽는 사람이 글을 건너뛰기 전에 가장 중요한 정보를 인지하고 파악하는 데 확실히 도움이 된다.

작성자는 보통 글을 구성하는 데 주의를 많이 기울이지 않는다. 우리 대부분이 배웠던 방식 때문이다. 영어 선생님이 글쓰기에서 문법, 전환어, 논리적인 증거에 대해 얘기는 많이 했어도 시각적 표현에 대해 말하는 일은 드물었을 것이다. 그러나 문자, 글자, 문장, 문단은 강렬한 시각 자료다. 즉, 페이지나 스크린 위에 표시되는 그래픽 요소다. 따라서 이런 요소를 눈에 즐겁고 합리적인 방식으로 배열하면 읽는 과정이 더 쉬워질 수밖에 없다.

수많은 연구에서 글쓰기의 시각적 측면을 개선하자 메시지가 훨씬 더 효과적으로 전달되었다. 때때로 단어 자체에 관심을 조금 줄이고 단어를 어떻게 그리고 어디에 배치할지 더 주의를 기울이면 더 좋은 글을 쓸 수 있다.

구성이 좋은 글쓰기의 규칙

규칙1: 핵심 정보를 바로 알아볼 수 있게 작성하라

지도를 보면 대부분 처음에 이런 질문을 한다. "이건 무슨 지도인가요?" 마찬가지로 우리가 실용적인 글을 보면 처음에 이 질문을 한다. "이 글은 무엇에 관한 것인가요?" 바쁜 사람이 방향을 찾고 질문에 대답하기 쉽도록 메시지를 만들수록, 사람들이 메시지에 관여하고 읽을 가능성이 더 커진다.

그래서 작성자는 핵심 정보를 즉각적으로 그리고 아주 명확하게 보여 주어야 한다. 당연한 말인 것 같지만, 많은 사람이 항상 이에 실패한다. 저널리즘 용어에서 핵심을 파악하기 어려운 방식으로 글을 쓰는 것을 핵심 묻어 버리기burying the lede(리드lede는 뉴스 편집실의 전문용어로, 눈에 띄도록 의도적으로 이상한 철자를 사용한다)라 부른다. 때때로 작성자는 의도적으로 핵심을 묻어 호기심과 흥미의 원동력으로 삼는다. 잡지 〈뉴요커〉는 핵심 생각이나 갈등을 드러내기 전에 분위기를 조성하고 설정하는 데 많은 시간을 쓰는 이야기들로 유명하다. 그러나 실용적인 의사소통은 편안한 문학 여행이 아니기 때문에 이렇게 쓰면 안 된다.

가장 중요한 정보를 바로 알아볼 수 있게 하려면 기본으로 돌아가야 한다. 바로 작성자로서의 목표가 무엇인지 명확해야 한다. 단, 이번에는 시각적 표현에 역점을 두어야 한다. 다시 스스로에게 물어보라. '글을 읽는 사람에게 전달하고 싶은 것이 무엇인가?' 시의회 회의에 참석하도록 장려하는 것이 우선 목표라면 회의 세부사항과 참석 요청이 가장 명백한 요소가 되어야 한다. 메시지에 상충하는 여러 목표를 담는다면 강조하고 싶은 '핵심' 정보가 무엇인지 파악하는 게 어려울 수 있다. 이런 경우, 목표의 계층구조를 파악해야만 한다.

CEO가 이사회와 메모를 공유한다고 상상해 보자. 목적은 지난번 회의 이후로 몇 가지 중요한 사항의 진행 경과를 업데이트하는 것이다. 또한 CEO는 이사진에게 곧 있을 마케팅 프로젝트를 위해 컨설턴트를 추천해 달라고 요청한다. 메모의 우선 목적은 진행 경과를 업데이트하는 것이고, 마케팅 컨설턴트 요청은 부차적인 사항이다. 따라서 어쨌든 메모는 우선순위를 전달하는 방식으로 표현되어야 한다.

가장 중요한 정보를 바로 알아볼 수 있게 하려면 어떻게 하면 되는지 보편적인 공식은 없다. 예를 들어 '오늘 회의 후에 한 가지 실행 항목'이라는 제목은 '오늘의 회의' 같은 제목보다 이메일의 핵심 정보를 더 잘 전달한다. 그러나 가독성 있는 제목은 대체로 짧고, 핵심 정보를 완전히 전달하기보다 미리 보여줄 수 있을 뿐이다.

구체적인 소통 수단과 상관없이, 좋은 경험법칙이란 바쁜 사람이 글을 읽을 때 가장 중요한 정보를 바로 찾을 수 있는 곳에 배치하는 것이다. 미국 군은 이 조언을 하나의 체계적인 가이드라인으로 정리하였는데, 작성자가 핵심 정보를 맨 앞에 배치한다bottom line up front: BLUF는 지침이다.[1] BLUF는 작성자가 글의 서두에 핵심 정보를 배치하도록 가르치는 공식적인 군대 정책이다. 그래서 군대에서 글을 읽는 사람은 습관처럼 소통의 목적을 어디에서 찾을지 잘 알고 있다.

초록과 경영진 요약, 한 줄 요약 헤드라인은 바쁜 사람을 위해 '핵심 정보' 위치를 찾는 기능을 한다. 경험법칙을 적용하는 가장 좋은 방법은 사람과 문화에 따라 아주 다양할 수 있다는 사실을 기억하는 것이다. 구소련 공화국에서는 가장 중요한 정보를 공식 메모의 마지막 문단에 두는 것이 표준이라는 일화가 있다. 반대로 많은 EU 국가에서는 가장 중요한 정보를 첫 문단에 배치하는 것이 관례다 (BLUF의 유럽 유형). 따라서 EU국가에서 훑어보는 사람들은 위에서 아래로 읽어 내려가는 편이다.

여기에 중요한 통찰이 있다. 두 문화에서 표준은 다를 수 있지만,

처한 맥락에 따라서 글을 읽는 사람들은 핵심 정보를 어디에서 찾을지 알고 있고, 글을 쓰는 사람들은 핵심 정보를 어디에 배치할지 알고 있다는 사실이다. 특정 문화마다 적합한 경험법칙이 있기 마련이다. 결국 작성자는 특정한 사람들이 빠르게 방향을 설정하여 핵심 정보 위치를 찾을 수 있도록 메시지를 구성해야 한다. 또한 작성자는 상대방이 핵심 정보가 있을 것으로 예상하는 위치를 알고 있어야 한다.

불행히도 모든 맥락에서 확실한 표준이 있는 건 아니다. 메시지가 따뜻하고 우호적이라고 예상될 때, 가장 중요한 정보부터 바로 시작한 글은 차갑거나 공격적으로 보일 수 있다. 다음 페이지에서 두 가지 유형을 비교해 보라. BLUF 유형을 읽는 사람은 직설적인 메시지에 기분이 상하고 작성자를 강압적이거나 무례하다고 생각할 수 있다. 반면, 정중한 순서 유형을 읽는 사람은 마지막 줄에 도달하기 전에 읽는 것을 그만두고 핵심 정보를 놓쳐버릴 수도 있다. 절충안은 처음에 예의바른 태도를 전달하는 한 문장을 작성하고, 바로 질문으로 옮겨가는 것이다: "지난번 대화를 좀 더 생각해 보았습니다. 저희 회사와 일하는 것에 대해 논의할 시간이 있습니까?"

어떤 접근법이 가장 좋을까? 우리가 제시한 다른 모든 원칙처럼 작성자로서 달성하고 싶은 목표가 무엇인지에, 글을 읽는 사람이 누구인지에 달려 있다.

정중한 순서 유형

잠재 고객님

지난번 대화를 좀 더 생각해 보았습니다. 우리가 논의했던 어려움에 처한 건 귀하의 조직만이 아닙니다. 저희 회사가 제공하는 서비스가 귀하에게 도움이 될 것이라 생각합니다.

저희 회사와 일하는 것에 대해 논의할 시간이 있습니까?

감사합니다.

BLUF 유형

잠재 고객님

저희 회사와 일하는 것에 대해 논의할 시간이 있습니까?

지난번 대화를 좀 더 생각해 보았습니다. 우리가 논의했던 어려움에 처한 건 귀하의 조직만이 아닙니다. 저희 회사가 제공하는 서비스가 귀하에게 도움이 될 것이라 생각합니다.

감사합니다.

규칙2: 뚜렷이 구별되는 생각은 분리하라

바쁜 사람이 글을 읽을 때 빠르게 방향을 잡을 수 있게 도와주는 또다른 방법은 뚜렷이 구별되는 주제를 분리하는 것이다. 뚜렷이 구별되는 주제 사이에 간격을 두면, 읽는 사람은 글을 훑어보고 핵심 정보를 더 쉽게 찾을 수 있다. 가장 간단하게 하나의 문단에 개별 주제를 하나씩 주는 것이다. 새로운 문단은 시각적으로 새로운 생각을 나타내기 때문이다.

생각이 뚜렷이 구별된다는 신호를 시각적으로 주는 아주 명확한 방법은, 글머리 기호로 각각을 목록으로 만드는 것이다. 덴마크에서 수행한 어느 연구는 글머리 기호나 숫자를 사용하여 뚜렷이 다른 주제를 구분하는 장점을 설명한다.[2] 연구진은 888명의 대표적인 표본을 구성하고, 관료적인 언어를 사용해서 실업수당을 받을 수 있는 요건을 기재한 설명서를 읽도록 했다. 그 후 연구진은 언어의 복잡성을 조정하지 않고 정보가 표시되는 방법을 변경하면, 독해 속도와 이해 수준을 비롯한 다양한 결과에 어떤 영향을 미치는지 시험했다.

참가자 절반이 *빽빽한 단어의 장벽wall of words* 유형을 읽었다. 이 유형은 모든 요구조건이 하나의 연속된 문단에 기술되어 있었다. 나머지 절반은 정확히 동일한 내용이지만 뚜렷이 다른 각 요구조건에 글머리 기호를 사용한 *시각적 분리* 유형을 읽었다.

단어의 장벽 유형

Man kan søge om kontanthjælp, hvis man enten er over 30 år eller har en erhvervskompetencegivende uddannelse. Derudover gælder ifølge Lov om Aktiv Socialpolitik: Man skal jf. § 11stk. 2have været ude for en social begivenhed, fx sygdom, arbejdsløshed eller ophør af samliv. Ifølge § 11 stk. 2 skal den sociale begivenhed have medført, at man ikke kan skaffe det nødvendige til sig selv eller sin familie, og at man ikke kan forsørges af andre. Desuden skal behovet for forsørgelse skal ikke kunne dækkes af andre ydelser, fx dagpenge eller pension mv., jf. § 11stk. 2. For at have ret til kontanthjælp skal man jf. § 11 stk. 3lovligt have opholdt sig i riget i sammenlagt mindst 9 af de 10 seneste är, jf. dog stk. 4-10, og man skal ifølge § 11 stk. 8 have haft fuldtidsbeskæftigelse i riget i en periode svarende til 2 år og 6 måneder inden for de ti seneste år. Man skal være registreret som arbejdssøgende i jobcentret, jf. § 13b og hverken en selv eller ens eventuelle ægtefælle må have en formue, som kan dække deres økonomiske behov. Formue er fx penge og værdier, som let kan omsættes til penge. Kommunen ser dog bort fra beløb på op til 10.000kr., for ægtefæller tilsammen op til 20.000kr., jf. § 14stk. 1, se dog undtagelser fra denne regel, jf. § 14 stk. 2-8 og stk. 15.

시각적 분리 유형

Man kan søge om kontanthjælp, hvis man enten er over 30 år eller har en erhvervskompetencegivende uddannelse. Derudover gælder ifølge Lov om Aktiv Socialpolitik:

• Man skal jf. § 11stk. 2have været ude for en social begivenhed, fx sygdom, arbejdsløshed eller ophør af samliv.

• Ifølge § 11 stk. 2 skal den sociale begivenhed have medført, at man ikke kan skaffe det nødvendige til sig selv eller sin familie, og at man ikke kan forsørges af andre.

• Behovet for forsørgelse skal ikke kunne dækkes af andre ydelser, fx dagpenge eller pension mv., jf. § 11stk. 2.

• Man skal jf. § 11 stk. 3 lovligt have opholdt sig i riget i sammenlagt mindst 9 af de 10 seneste är, jf. dog stk. 4-10.

• Ifølge § 11 stk. 8 have haft fuldtidsbeskæftigelse i riget i en periode svarende til 2 år og 6 måneder inden for de ti seneste år.

• Man skal være registreret som arbejdssøgende i jobcentret, jf. § 13b.

• Hverken en selv eller ens eventuelle ægtefælle må have en formue, som kan dække deres økonomiske behov. Formue er fx penge og værdier, som let kan omsættes til penge. Kommunen ser dog bort fra beløb på op til 10.000kr., for ægtefæller tilsammen op til 20.000kr., jf. § 14stk. 1, se dog undtagelser fra denne regel, jf. § 14 stk. 2-8 og stk. 15.

우리는 덴마크어를 읽을 수 없다. 바로 이런 점이 이 두 유형의 차이를 더 극명하게 보여 준다. 언어가 무엇이든 단어의 장벽 유형은 읽는 것 자체가 겁나는 일일 것이다. 두 집단의 참가자는 비슷하게 내용을 이해하지는 못했지만 단어의 장벽 유형보다 시각적 분리 유형을 10초 또는 약 15% 빠르게 읽었다.

주제를 시각적으로 분리하면, 글을 더 쉽게 읽을 수 있었다. 이는 글을 읽는 사람이 문장들이 서로 관련된 주제인지 구별되는 별개의 주제인지 결정하는 데 시간을 쓰지 않아도 됐기 때문이다. 우리 경험을 토대로 보면 숫자를 붙인 목록이나 여백, 시각적으로 주제를 분리하는 다양한 서식은 유사한 개선을 이끌어 냈을 것이다.

규칙3: 서로 관련된 생각들은 함께 배치하라

뚜렷이 구별되는 생각을 시각적으로 분리하는 것 말고도, 관련된 단어를 옆에 (또는 가능한 한 가깝게) 배치하면 빠르고 쉽게 핵심 정보를 포착할 수 있다. 위에서 설명한 덴마크 연구에서 시각적 분리 유형도 이런 규칙을 따른다. 뚜렷이 구별되는 각 글머리 기호는 실업수당을 받는 각 조건과 관련이 있다. 조건들을 개별 글머리 기호로 구분해서 분석하면, 글을 읽는 사람은 그것들이 개별 조건이라는 것을 더 쉽게 이해할 수 있다. 그리고 조건들을 옆에 배치하면 글을 읽는 사람은 그것들이 모두 관련 있다는 것을 더 쉽게 이해할 수 있다.

작성자가 주택수당을 신청하는 방법처럼 실업수당 조건과 관련 없는 추가정보를 각 글머리 기호 사이에 삽입한다고 상상해 보자. 글이 얼마나 더 혼란스럽겠는가. 실업수당에 집중해서 읽는 사람은 모든 글머리 기호를 살펴보며 관련된 정보를 찾아야 할 것이다. 바쁜 사람은 아마 필요한 정보를 찾기도 전에 포기할 것이다.

관련 있는 생각들은 대게 의미가 서로 관련되어 있기 때문에, 그 생각들을 가까이 배치하면 내용을 강화하고 단어를 줄일 수 있다. '적을수록 더 좋다'는 장점도 종종 본문 내용을 재배치함으로써 간단히 얻을 수 있다. 신규 계약의 제안서를 승인받기 위한 다음 절차로, 아래에 나열된 항목을 살펴보라.

- 제시: 과거 프레젠테이션을 토대로, 고객 프레젠테이션 슬라이드를 작성하라.
- 매리언: 이 계약의 경쟁자들과 그들이 제안서를 제출할 징후가 조금이라도 있는지 조사하라.
- 제시: 공동 개발한 개요를 기반으로, 업무 범위를 작성하라.
- 매리언: 고객이 과거에 구매했던 관련 제품에 대한 다른 공개 정보가 있는지 조사하라.

제시와 매리언이 각자 두 가지 항목을 갖고 있다는 점에 주목하라. 제시와 매리언의 항목별로 가까이에 배치하면 해야 할 일을 더 빠르게 확인할 수 있다.

- 제시: 과거 프레젠테이션을 토대로, 고객 프레젠테이션 슬라이드를 작성하라.
- 제시: 공동 개발한 개요를 기반으로, 업무 범위를 작성하라.
- 매리언: 이 계약의 경쟁자들과 그들이 제안서를 제출할 징후가 조금이라도 있는지 조사하라.
- 매리언: 고객이 과거에 구매했던 관련 제품에 대한 다른 공개 정보가 있는지 조사하라.

이렇게 하면 목록을 시각적으로 분리하면서 전체 단어 개수를 40 개에서 34개로 줄일 수 있다. 또한 제시와 매리언의 할 일을 단순화해 통합할 수 있다. 제시는 두 가지 글쓰기 작업을, 매리언은 두 가지 조사 작업을 수행해야 한다. 이 책의 몇 가지 원칙을 한 번에 달성하는 것이다.

@제시, 작성하기
- 과거 프레젠테이션을 토대로 한 고객 프레젠테이션 슬라이드
- 공동 개발 개요를 기반으로 한 업무 범위

@매리언, 조사하기
- 이 계약의 경쟁자들과 그들이 제안서를 제출할 징후
- 고객이 과거에 구매했던 관련 제품에 대한 다른 공개 정보

요청사항은 특별한 유형의 정보로, 고유한 스타일의 표현 방식이 필요하다. 종종 메시지 하나에 다양한 요청사항이 포함된다. 이럴 때 요청사항을 함께 그룹으로 묶어야 할까, 아니면 별도로 분리해서 관련 주제에 따라 메시지에 끼워 넣어야 될까? 불만족스러운 대답이겠지만 맥락에 따라 다르다. 기본원칙은 글을 읽는 사람이 요청사항을 가능한 한 쉽게 찾고 이해할 수 있어야 한다는 것이다. 이렇게 하려면 종종 이번 장에 있는 규칙들을 결합하여 적용해야 한다.

메시지에 담긴 다양한 요청사항이 모두 서로 관련되어 있다면, 요청사항을 가까이 그룹으로 묶고(규칙3), 각 개별 요청사항을 분리하는 것(규칙2)이 유용하다. 요청사항이 모두 별개의 주제와 관련되어 있고, 메시지 내에 별도로 구분된 섹션에서 다뤄지고 있다면 관련된 섹션 내에 요청사항을 끼워 넣는 것이 더 좋다. 이런 경우, 메시지 시작 부분에 한 그룹으로 묶어서 미리 나타내는 것은 여전히 유용하다. 예를 들면 이렇다. 선호하는 휴가를 논의하고 의견을 물어보려고 한다: (1)어디로 가야 하는가? (2)언제 가야 하는가? (3)누구를 초대해야 하는가? 이 세 가지 질문은 이메일의 관련 섹션에서도 반복될 것이다. 대체로 반복하는 것은 이상적이지 않지만, 바쁜 사람들이 다양한 요청사항을 이해하는 데 도움이 되고 응답할 가능성을 높이는 효과적인 전략이 될 수 있다.

또한 서식은 메시지의 특정 요청사항에 집중시키는 유용한 도구가 될 수 있다. 특히 요청사항이 메시지 곳곳에 흩어져 있을 때는 더욱 그렇다. 이는 나중에 더 살펴보겠다.

규칙4: 생각을 우선순으로 배열하라

메시지에 어떤 생각을 담을지 결정한 후에, 생각을 표현하는 순서를 선택해야 한다. 종종 순서를 좌우하는 근거 논리가 있다. 요청사항은 실행이 완료되어야 하는 시간순으로 나열하거나 요청사항의 완료 난이도를 토대로 기능적으로 나열하는 것이 적합하다. 명확한 논리가 없다면 (다른 사항과 마찬가지로) 순서 결정은 사람이 글을 읽는 방식에 따라 영향을 받는다.

대체로 목록의 첫 번째 항목이 글을 읽는 사람의 가장 큰 관심을 끈다. 이런 읽기 행동이 연구되었던 한 영역은 선거 투표용지로, 흔히 투표용지는 길게 나열된 후보자 목록을 보여 준다. 이번 조사의 사례는 텍사스주의 예비선거와 결선투표에 관해 진행되었다. 조사결과, 투표용지에서 후보자 이름을 맨 끝에서 앞으로 옮기면 일부경쟁에서 득표수가 거의 10%포인트 증가할 수 있는 것으로 나타났다.[3] 추측컨대 이런 결과가 나온 이유는, 유권자가 투표용지 상단에서부터 후보자를 검토하기 시작하여 점차 아래로 내려갔기 때문이다. 그리고 그들은 그런대로 마음에 드는 후보자를 찾으면 투표하고 자리를 뜬다. 모든 사람들이 바쁘고 유권자도 마찬가지다.

수십억 달러 규모의 인터넷 검색광고 산업은 유사한 전제를 기반으로 한다. 검색 결과에서 가장 가치 있는 위치는 맨 위라는 사실이다. 검색하는 사람들은 첫눈에 충분히 좋은 대안을 클릭하는 경향이 있기 때문이다. 이와 비슷하게, 아마존은 특정 항목의 판매를 먼저 촉진하고 싶을 때 검색 결과에서 해당 항목이 다른 항목보다 앞에 뜨도록 배치한다. 회사의 프로그래머는 맨 앞이라는 위치가 사람들이 보고 읽고 반응할 가능성이 가장 높다는 사실을 안다.

특정 맥락에서는 순서대로 나열한 목록에서 *마지막* 위치도 영향력이 클 수 있다. 이런 일이 구소련 공화국 지역에서만 발생하는 건 아니다. 배심 재판에 대한 연구에서 배심원에게 제출된 마지막 증거가 가장 큰 영향을 주고 가장 큰 기억을 남길 수 있다는 사실을 발견했다.[4] 배심원은 윤리적으로 전체 재판이 진행하는 내내 참석하여 모든 증거를 들을 의무가 있는데도 말이다. 그런데 (받은 이메일과 메모가 얼마나 강력한지 상관없이) 실용적인 의사소통에서 바쁜 사람은 그런 의무조차 지지 않는다. 떠날 수 있는 자유가 있다면, 목록이나 길어진 메시지의 마지막 항목을 마주할 빈도수는 줄어들고, 따라서 그 항목이 미치는 영향도 줄어들 수 있다.

다양한 항목이나 요청사항이 포함된 메시지에서 가장 좋은 순서를 결정하는 규칙이란 없다. 그렇지만 논리가 순서에 영향을 주지 않을 때 이런 행동 패턴은 도움을 주는 지침이 된다. 첫 번째 위치에 있으면 어떤 항목이든 가장 큰 관심을 받을 것이고 마지막 위치는 끝에서 두 번째 자리보다 더 많이 읽힐 가능성이 있다는 점이다. 이 사실은 비즈니스 연구진이 웹페이지에 올라와 있는 링크 순서의 영향을 연구했을 때 발견되었다. 그들은 6개의 링크 순서를 무작위로 정한 다음, 첫 번째 위치가 가장 많은 클릭을 받는다는 사실을 발견했다. 마지막 위치로 내려갈수록 각 위치에 클릭하는 수가 꾸준히 감소했다. 그리고 마지막 위치는 끝에서 두 번째 위치와 비교해서 클릭 수가 살짝 급증했다.[5]

규칙5: 부제목을 붙여라

여기에서 무엇을 논의할지 정확히 알고 있는가? 물론 모를 수가 없을 거다. 우리가 바로 위에서 말했기 때문이다. 그것도 더 큰 글씨로 말이다. 부제목이 있으면 바쁜 사람은 메시지를 빠르게 살펴보고 자세히 읽고 싶은 부분을 결정할 수 있다. 마치 미국 지도 위에 주 이름과 경계선이 표시되는 것처럼 말이다. 문자메시지 같은 일부 흔한 유형의 실용적 글에는 부제목이 있을 자리가 없다. 그러나 이메일, 메모, 포스트잇, 할 일 목록 등처럼 많은 실용적인 글에는 부제목이 있다. 심지어 트윗, 슬랙 메시지, 페이스북 게시물도 몇 개의 단어로 뒤이어 나올 내용을 설정하며 시작할 수 있다.

부제목은 바쁜 사람이 글을 건너뛸지, 읽는 것을 멈출지, 관심을 어디에 기울일지, 특정 부문을 자세히 읽을지 결정하는 데 아주 큰 도움이 된다. 2장에서 보여 준 대로, 다음 페이지에서 관련 정보를 찾을 때 사람 시선이 어떻게 움직이는지 확인해 보라.

사람 시선이 각 부제목으로 어떻게 건너뛰는지 인지했는가?

☑ **Tip:** 고무 임펠러는 스테인리스 스틸 컵 내부에 있으며 물을 윤활제로 사용합니다. 이 물이 없으면 고무와 스테인리스 스틸 간의 마찰로 인해 고무 임펠러가 빠르게 과열되어 파손됩니다. 선외기에 사전에 적절한 물 공급이 이루어지지 않은 상태에서, 선외기를 작동하거나 뒤집지 마십시오.

일반적으로 염수 또는 기수, 탁수에서 작동한 경우, 임펠러와 워터 펌프 어셈블리를 매년 점검하고 필요한 경우 교체하십시오. 이 물 속의 잔해는 사포처럼 작용합니다. 맑고 깨끗한 담수에서 작동한 경우, 건조 작동이 없는 경우에는 점검 간격이 늘어날 수 있습니다. 선외기의 구체적인 점검 서비스 간격을 보려면 보유하고 있는 사용 설명서를 확인하십시오

☑ **Tip:** 임펠러/워터 펌프 검사 및 교체 절차 수행이 걱정되는 경우, 현지 야마하 마린 대리점에 정비 작업을 의뢰하시기 바랍니다. 귀하가 안심할 수 있도록 올바른 정비작업을 수행할 수 있는 도구, 자료 및 교육을 갖추고 있습니다.

벨트 및 호스

선외기에 있는 모든 벨트와 호스는 혹독한 해양 환경에서 작동해야 합니다. 가끔 한 번씩 살펴보고 제조업체의 교체 일정에 주의를 기울이시기 바랍니다. 균열이나 마모가 발견되면 안전하게 교체하십시오 수명을 연장하기 위해 벨트를 "뒤집으려고" 시도하지 말고 손가락에 윤활유가 묻어 있는 상태로 벨트를 다루지 마십시오. 스프레이형 윤활유로부터도 안전하게 보관하십시오.

☑ **Tip:** 야마하 4 스트로크 선외기 타이밍 벨트와 HPDI® 2 스트로크 선외기 고압 연료 펌프 벨트는 톱니 모양으로 되어 있고 Kevlar®로 덮여 있어, 내구성이 강하고 늘어나지 않습니다. 야마하에서는 5년 또는 1,000시간마다 교체할 것을 권장합니다.

점화 플러그

일반적으로 200시간마다 또는 매 두 시즌마다 4 스트로크 선외기 점화 플러그를 뽑아 적절한 색상과 마모를 확인하십시오. 연한 갈색을 띠고 가장자리가 상대적으로 날카로워야 합니다. 필요한 경우 선외기 제조업체가 규정한 정확한 제조업체 및 부품 번호로 교체하십시오 선외기에 사용되는 점화 플러그의 브랜드 유형과 스타일은 설계에 따라 다릅니다. 여기에는 선외기에 설계된 특정 성능 속성이 포함되어 있습니다. 점화 플러그의 작은 표시와 숫자에는 열 범위, 나사산 깊이 등과 관련된 많은 정보가 포함되어 있습니다. 그러니 여기서 추측하거나 상호 참조하지 마십시오.

공기 흡입

새 둥지나 다양한 동물이 가져온 기타 잔해 등 장애물이 있는지 공기 흡입 통로를 확인하십시오 카울링 아래도 살펴보십시오. 선외기나 보트가 새와 벌레의 보금자리가 되는 데는 오랜 시간이 걸리지 않으며, 성능 손실 진단의 경우 정말 난감한 일이 될 수 있습니다.

온도 조절 장치 및 팝오프 밸브

선외기의 작동 온도를 조절하는 역할을 합니다. 간단하고 효과적이며, 엔진 작동 온도 변화에 대한 모든 표시를 통해 가장 잘 관찰됩니다. 바닷물에서 작동하면 침전물이 쌓여 밸브가 열리게 되어 선외기가 지나치게 냉각되고, 적절한 작동 온도에 도달하지 못할 수 있습니다. 냉각수에 있는 작은 조각의 잔해물이 결합 표면 사이에 쌓여 동일한 상태를 유발할 수 있습니다. 제거 및 청소로 해결할 수 있으며 구체적인 교체 권장사항은 사용 설명서를 확인하십시오

우리가 〈저널리스츠 리소스〉와 수행했던 한 연구에서(4장에서 언급했던 연구와 별개다), 작성자들은 세 가지 주제를 아홉 문단짜리 이메일 뉴스레터로 통합했다. 세 가지 주제는 기후변화와 건강에 대한 조사, 총기폭력에 대한 조사, 저널리즘 상을 신청하는 구체적인 방법이었다. 각 주제별로 추가 내용을 확인하는 링크도 있었다. 뉴스레터 구독자 4만 6,648명 중 절반은 부제목이 없는 아홉 문단짜리 이메일을 받았다. 나머지 절반은 동일한 내용이지만, 두 번째 주제(총기폭력)와 세 번째 주제(저널리즘 상) 위에 설명하는 부제목을 붙인 아홉 문단짜리 이메일을 받았다 [6]

부제목이 있는 이메일을 받은 구독자는 아무런 부제목이 없는 이메일을 받은 구독자보다 두 번째 주제와 세 번째 주제와 관련된 링크를 2배 더 많이 클릭했다. 단순히 부제목 때문에 첫 번째 주제에서 두 번째 주제와 세 번째 주제로 구독자의 관심이 분산된 것이 아닌지 우려할 수 있다. 그러나 이런 경우는 아니었다. 부제목이 있는 이메일을 받은 구독자와 부제목이 없는 이메일을 받은 구독자 간에, 첫 번째 주제(기후변화와 건강)의 링크를 클릭한 구독자 수에는 차이가 없었다. 부제목은 바쁜 사람들이 건너뛰었을지도 모를 흥미로운 주제를 빠르게 찾도록 도와주는 것이다.

부제목이 얼마나 유용한지 충분히 납득하기 위해 한 교육구의 사례를 생각해 보자. 코로나19 팬데믹 당시였다. 글의 목적은 자녀의 학교에서 코로나 확진자가 발생하였고 그에 따라 다양한 행동수칙을 실행함을 학부모에게 알리는 데 있었다. 이런 행동수칙 중 하나는 이 편지가 발송된 직후부터 학교를 최소 48시간 동안 폐쇄한다는 것이었다.

교육구 대표는 우리에게 작성된 이메일을 검토하여 개선사항을 알려 달라고 요청했다. 우리는 정확한 맥락을 알지 못했기 때문에 단어를 수정하진 못했다. 그래서 오직 탐색하기 쉽도록 이메일을 구성하는 것에만 전념했다.

기존 이메일

[교육구 이름]의 학부모 및 직원 여러분,

오늘 저희 교육구는 코로나19 확진자가 잠복기 동안 [학교 이름]에 있었다는 사실을 통보 받았습니다. 법에 따라 우리는 확진자의 비밀을 유지해야 하며, 개인의 신원과 그 학교에 있었던 이유가 밝혀지지 않도록 해야 합니다. 우리는 [자치주 이름]의 보건부와 협조하여 확진자와 접촉했을 수 있는 학생과 직원을 파악하고 있습니다.

우리는 다음과 같은 조치를 취할 것입니다.
- [학교 이름]은 앞으로 최소 48시간 동안 폐쇄될 것입니다.
- [학교 이름]은 [날짜]와 [날짜]에 폐쇄되는 유일한 건물입니다.
- [학교 이름]은 이번 주 [날짜]와 [날짜]에 가상교육을 제공할 것입니다.

- 학교 건물은 보건부와 질병통제예방센터 지침에 따라 소독을 실시할 것 입니다.
- 학교는 접촉 추적을 시작하여 보건부에 알릴 것입니다.

[자치주 이름]의 보건부에는 코로나19 확진 사례가 확인되는 경우를 대비하여 접촉자 추적 시스템이 있습니다. 목적은 확진자와 밀접 접촉된 사람을 확인하는 것입니다. 밀접 접촉자는 코로나19 확진자와 1.8미터 내에 10분 이상 있었던 사람입니다.

자녀가 확진자와 밀접 접촉한 것으로 확인되면, 접촉 추적자가 여락할 것입니다. 이 전화의 경우, 발신번호로 [주 이름] 접촉자 추적이 뜨거나 [###] 지역번호를 가진 전화번호가 표시될 수 있습니다. 이 전화는 바로 받으시고 접촉 추적자에게 우리 모두를 보호하는 데 필요한 정보를 제공해 주시기 바랍니다. 밀접 접촉자였던 사람은 마지막 접촉일로부터 14일 동안 격리하고 증상을 모니터링해야 합니다.

교육구는 자녀가 확진자와 접촉한 것으로 확인되면 사실을 통보하는 이메일을 보낼 것입니다. 48시간 내에 이메일을 받지 못한다면, 자녀는 노출 위험이 없는 것으로 여겨집니다.

주의사항입니다. 어떤 식으로든 자녀가 코로나19 확진자와 밀접 접촉했다고 믿는다면, 자녀가 코로나 검사를 받고 자가격리할 수 있도록 지도 부탁드립니다.

자녀가 아프다고 의심되면, 아이는 집에 머물러야 합니다. 코로나19 증상은 질병통제예방센터 홈페이지에서 확인할 수 있습니다. https://www.cdc.gov/coronavirus/2019-ncov/symptoms-testing/symptoms.html. 정확한 진단을 위해 담당의사와 상의하시기 바랍니다.

[링크]에서 [주 이름]의 '가까운 검사소 찾기' 페이지를 방문하여 검진장소 목록을 찾으세요. [주 이름]이 운영하는 검진장소의 검사비는 무료입니다. 코로나19에 대해 더 많은 정보를 원하시면, (888) 123-4567로 전화하시거나 [주 이름]의 보건부 홈페이지를 방문하세요.

우리는 우리 구역에서 발생하는 코로나19 사례를 투명하게 공개할 것입니다. 더 궁금한 사항이나 우려 사항이 있으면, 자녀의 학교 행정관에게 연락하거나 555-555-5555의 내선번호 1234로 연락주시기 바랍니다.

감사합니다.
[교육청장 이름]

부제목이 있는 이메일

[교육구 이름]의 학부모 및 직원 여러분,

[학교 이름]은 앞으로 최소 48시간 동안 폐쇄될 것입니다.

오늘 저희 교육구는 코로나19 확진자가 잠복기 동안 [학교 이름]에 있었다는 사실을 통보 받았습니다. 법에 따라 우리는 확진자의 비밀을 유지해야 하며, 개인의 신원과 그 학교에 있었던 이유가 밝혀지지 않도록 해야 합니다. 우리는 [자치주 이름]의 보건부와 협조하여 확진자와 접촉했을 수 있는 학생과 직원을 파악하고 있습니다.

[학교 이름]은 무엇을 하고 있나요?

우리는 다음과 같은 조치를 취할 것입니다.

- [학교 이름]은 앞으로 최소 48시간 동안 폐쇄될 것입니다.
- [학교 이름]은 [날짜]와 [날짜]에 폐쇄되는 유일한 건물입니다.
- [학교 이름]은 이번 주 [날짜]와 [날짜]에 가상교육을 제공할 것입니다.
- 학교 건물은 보건부와 질병통제예방센터 지침에 따라 소독을 실시할 것입니다.
- 학교는 접촉 추적을 시작하여 보건부에 알릴 것입니다.

자녀가 밀접접촉자인지 어떻게 알 수 있나요?

[자치주 이름]의 보건부에는 코로나19 확진 사례가 확인되는 경우를 대비하여 접촉자 추적 시스템이 있습니다. 목적은 확진자와 밀접 접촉된 사람을 확인하는 것입니다. 밀접 접촉자는 코로나19 확진자와 1.8미터 내에 10분 이상 있었던 사람입니다.

자녀가 확진자와 밀접 접촉한 것으로 확인되면, 접촉 추적자가 연락할 것입니다. 이 전화의 경우, 발신번호로 [주 이름] 접촉자 추적이 뜨거나 [###] 지역번호를 가진 전화번호가 표시될 수 있습니다. 이 전화는 바로 받으시고 접촉 추적자에게 우리 모두를 보호하는 데 필요한 정보를 제공해 주시기 바랍니다. 밀접 접촉자였던 사람은 마지막 접촉일로부터 14일 동안 격리하고 증상을 모니터링해야 합니다.

교육구는 자녀가 확진자와 접촉한 것으로 확인되면 사실을 통보하는 이메일을 보낼 것입니다. 48시간 내에 이메일을 받지 못한다면, 자녀는 노출 위험이 없는 것으로 여겨집니다.

주의사항입니다. 어떤 식으로든 자녀가 코로나19 확진자와 밀접 접촉했다고 믿는다면, 자녀가 코로나 검사를 받고 자가격리할 수 있도록 지도 부탁드립니다.

본인이나 자녀가 아프면 무엇을 해야 합니까?

자녀가 아프다고 의심되면, 아이는 집에 머물러야 합니다. 코로나19 증상은 질병통제예방센터 홈페이지에서 확인할 수 있습니다. https://www.cdc.gov/coronavirus/2019-ncov/symptoms-testing/symptoms.html. 정확한 진단을 위해 담당의사와 상의하시기 바랍니다.

[링크]에서 [주 이름]의 '가까운 검사소 찾기' 페이지를 방문하여 검진장소 목록을 찾으세요. [주 이름]이 운영하는 검진장소의 검사비는 무료입니다. 코로나19에 대해 더 많은 정보를 원하시면, (888) 123-4567로 전화하시거나 [주 이름]의 보건부 홈페이지를 방문하세요.

우리는 우리 구역에서 발생하는 코로나19 사례를 투명하게 공개할 것입니다. 더 궁금한 사항이나 우려 사항이 있으면, 자녀의 학교 행정관에게 연락하거나 555-555-5555의 내선번호 1234로 연락주시기 바랍니다.

감사합니다.

[교육청장 이름]

바쁜 학부모의 사고방식으로 한번 생각해 보자. 당신이 학교에 다니는 자녀와 집에 함께 있다고 상상해 보라. 아이들은 숙제를 도와 달라 얘기하고 저녁은 언제 준비되는지 알고 싶어 한다. 마침 당신이 오븐에 치킨텐더를 넣고 파스타를 휘젓는 사이에 *기존 이메일*을 받는다. 그때 당신은 이메일을 자세히 읽어보고 학교가 앞으로 2일 동안 폐쇄된다는 사실을 알 수 있을까? 아마 그렇지 못할 것이다. 당신은 격리 수칙에 대한 구체적인 세부사항 중 많은 내용을 파악하지 못할 수 있다. *기존 이메일*은 바로 이해하기 어려워 보여 읽는 것을 그냥 미룰 수도 있다.

이제 부제목이 있는 이메일을 살펴보자. 탐색의 용이성을 개선하려고 우리의 규칙을 적용했다. '[학교 이름]은 앞으로 최소 48시간 동안 폐쇄될 것입니다'라고 맨 위에 선언함으로써 핵심 정보를 바로 눈에 띄게 만들었다(규칙1). 그리고 우리는 뚜렷이 구별되는 각 주제와 부문에 부제목을 추가하여 학부모가 시간을 들여 가장 관심 있는 어떤 주제로든 탐색할 수 있도록 했다. 우리는 이 유형의 영향을 수치로 증명할 순 없었지만, 개정된 구성이 탐색하기 더 쉽기 때문에 더 효과적이라고 확신한다.

부제목은 목록 앞에 설명을 추가할 때도 유용하다. 앞서 논의했던 것처럼, 글머리 기호는 내용을 체계적으로 정리하고 탐색 가능성을 개선한다. 하지만 한 가지 생각이 하나의 글머리 기호로 연결되었다고 해서 글이 저절로 명확해지고 이해하기 쉽다는 건 아니다. 어떤 메시지는 각 문단마다 글머리 기호가 붙거나, 글머리 기호가 붙은 항목이 너무 많아 요점을 알기 어렵다. 이런 경우, 각 생각별로 글머리 기호를 부착하고 맨 앞부분에 짧은 부제목을 붙이면 읽는 사람에게 유용한 지침을 제공할 수 있다. 특히 각 글머리 기호가 다른 항목과 서로 관련이 없다면 더욱 그렇다. 예를 들어 두 가지 다른 항목에 대해 동료에게 이메일을 쓴다고 상상해 보자.

- **계약서 수정**: 회사 변호사는 계약서에 우리가 제안한 대로 모두 편집하는 것에 동의했지만 마지막 두 조항을 추가해 달라고 요

청했습니다. 이 추가 조항을 검토하여 수용할 수 있는지 확인해 주시겠습니까?

- **컨퍼런스 계획**: 컨퍼런스 날짜까지 3개월 남았습니다. 이제 초대할 참가자 명단과 행사 프로그램을 최종 확정하는 작업을 시작해야 합니다. 다음 단계를 논의하려고 하는데, 전화로 회의를 할 수 있을까요?

각 글머리 기호에 부착된 짧은 부제목은 글을 읽는 사람이 그 목록에 어떤 항목이 포함되어 있는지 빠르게 이해하도록 도와준다.

일반적으로 부제목은 뒤따라오는 내용이 무엇에 관한 것인지 분명히 설명할 수 있을 정도로 길고 자세해야 한다. 그러나 추가로 읽어야 하는 부담을 부과할 정도로 길면 안 된다. 부제목만 보고도 전체 내용을 이해할 수 있다면, 그 부제목은 아마도 너무 길다. 앞에서 언급했던 학교 편지에서, '[학교 이름]은 무엇을 하고 있나요?'는 '다음 단계'보다 더 유용하고 설명이 잘 되어 있다. 그러나 '[학교 이름]은 모든 밀접 접촉자를 모니터링하고 있으며 건물을 폐쇄하고 소독할 것입니다'라는 부제목은 불필요하게 길고 상세하다. 이 문장을 이메일의 제목으로 밀어 넣는다면 바쁜 사람 대다수는 메시지의 전체 의미를 알아채지 못할 수도 있다.

규칙6: 시각적 표현을 고려하라

효과적인 글쓰기는 당연히 단어와 문장, 문단에 의존하여 생각을 전달한다. 그러나 효과적인 의사소통은 그런 제약을 따를 필요가 없다. 〈타임〉의 편집장인 낸시 깁스는 직접 편집하고 있는 기사의 여백에 자주 메모를 작성해서 직원들에게 주곤 했다. '이것을 가장 잘 전달할 수 있는 게 단어가 맞나요?' 그녀는 글쓰기의 거장이었고, 바쁜 사람들에게 정보를 빠르고 효율적으로 전달하는 방법으로 언제나 단어가 전부는 아니라는 사실을 알고 있었다.

앞서 우리 학생이 제안했던 눈에 잘 띄는 표지판을 기억하는가?

반려동물의
개똥을
치우세요.

법률 #122-87
최대 벌금
$2000.00
감사합니다.

우리는 장황했던 기존 표지판을 개선했던 방식이 마음에 들었다. 그렇지만 어떤 단어들 대신에 이미지 하나로 정확히 동일한 메시지를 더 빠르고 보편적으로 전달할 수 있다는 사실을 깨달았다.

중요한 정보를 시각적으로 전달하면 언어 장벽도 문제없다. 프랑스어를 할 줄 모르는 사람도 다음 표지판을 바로 이해할 것이다.

우리가 실용적 메시지를 완전히 글이 없는 그래픽으로 변경할 수 있거나 변경해야 하는 경우는 흔치 않다. 그러나 일부 문장을 표나 그래픽으로 전환함으로써 많은 의사소통이 더 효과적으로 이뤄질 수 있다.

꺾은선 그래프나 막대그래프는 측정이나 성과 추이 같은 정량적 정보를 간단히 그리고 효과적으로 전달하는 도구다. 인포그래픽은 가구 조립에 필요한 절차 같은 비정량적 정보를 전달하는 데 도움이 될 수 있다. 효과적인 그래픽은 관련된 모든 정보를 하나의 그래프나 이미지로 통합할 필요가 없다. 오히려 효과적인 그래픽은 소통을 단순화하는 역할을 한다. 어떤 생각을 그래프로 공유하는 방법을 좀 더 깊이 알아보고 영감을 받고 싶다면, 에드워드 터프티Edward Tufte의 고전《양적 정보의 시각적 표현The Visual Display of Quantitative Information》으로 시작하는 것을 추천한다.

하나의 테두리 안에 단어와 숫자를 배열하는 간단한 표도 단어만 쓰는 것보다 복잡한 생각을 훨씬 더 명확하게 전달할 수 있다. 미국 연방 쉬운 언어 가이드라인은 미국 정부 문서를 일반 대중이 이해할 수 있도록 작성한 일련의 규칙이다. 여기에서는 가능하면 시각적 표현을 사용하라고 조언한다. 다음 사례는 바로 그 가이드라인에서 추출한 것이다.[7]

기존 유형

신청서를 전자방식으로 제출한다면 보고하는 달의 익월 25일까지, 신청서를 전자방식으로 제출하지 않는다면 보고하는 달의 익월 15일까지 작성을 완료해야 합니다.

시각적으로 표시한 유형

서식을...제출한다면	...까지 완료해야 합니다.
전자방식으로	보고하는 달의 익월 25일
전자방식이 아닌 방법으로	보고하는 달의 익월 15일

시각적으로 표시한 유형은 훑어보는 것이 쉬운 반면, 기존 유형은 더 자세히 읽어야 한다는 사실에 주목하라. 시각적으로 표시한 유형에서 전자방식으로 신청서를 제출하고 싶으면 표의 마지막 줄은 읽지 않아도 된다. 곧바로 첫 번째 열('전자방식으로')로 기서 탐색할 수 있다. 전자방식으로 제출하지 않는다면 반대로 하면 된다. 기존 유형과 시각적으로 표시한 유형 모두 내용은 동일하지만 후자는 표의 논리를 활용하여 큰 노력 없이 정보를 이해할 수 있다.

규칙 실행: 좋은 탐색은 어떤 모습인가?

이 규칙을 실제 소통에 적용하여 의미 있는 결과를 도출할 수 있는 방법이 있다. 그 방법을 알아보기 위해 한 연구진이 뉴욕시경New York Police Department: NYPD과 뉴욕의 법원 출석 요구서를 다시 구성했던 연구를 살펴보자.[8] 뉴욕시는 경범죄를 저지른 사람에게 구체적인 날짜와 시간에 법정에 출석하라는 서면 통지서를 발급한다. 수령인이 법정 출석 날짜를 놓치면, 그들에게 체포영장을 발부할 수 있다. 그 위협에도 불구하고 많은 수령인이 예정된 법정 공판에 나타나지 않는다.

법정에 나타나지 않으면, 법 집행기관과 변호사는 수령인이 적극적인 결정을 한 것으로 해석하는 편이다. 즉, 수령인이 의도적으로 법정에 출석하지 않기로 결정했다는 것이다. 2020년 한 연구진이 그 가정에 의문을 던졌고 수령인들이 단순히 서면으로 된 출석요구서를 쉽게 이해할 수 없어 출석하지 못한 건 아닌지 조사해 봤다.

그 당시 연구를 진행하던 시기에 뉴욕시경이 사용한 표준 법원 출석요구서는 다음 페이지에 있다. 출석요구서 제목은 '고소장/정보Complaint/Information'다. 통지의 상단부터 3분의 2 가량이 체포된 사람과 부과된 혐의사실에 대한 세부사항으로 기재되어 있다. 수령인은 가장 중요한 정보, 즉 출석해야 할 구체적인 날짜와 시간, 법원 정보를 찾으려면 문서의 맨 하단까지 봐야 했다.

연구진은 비교를 위해 시각적으로 더 이해하기 쉽게 양식을 다시 구성했다. 새로운 양식은 이번 장에서 제시했던 탐색을 용이하게 하는 모든 규칙을 적용했다.

첫 번째로 서식의 목적이 즉시 눈에 띄도록 만들었고(규칙1), 그 정보를 맨 위에 배치했다(규칙4). 무엇에 관한 내용인지 알 수 없는 '고소장/정보'란 제목을 '형사법원 출석요구서'로 명확하게 변경했다. 또한 통지내용 상단에, 수령인이 출석해야 할 장소와 시간에 관한 세부정보를 추가했다. 누구든 다시 디자인한 통지문 상단을 읽으면, 특정 날짜에 특정 법원에 출석해야 한다는 사실을 곧바로 이해할 것이다. 도중에 읽는 것을 멈춘다 해도, 이런 핵심 정보를 파악할 수 있다.

두 번째로 연구진은 뚜렷이 구별되는 주제를 시각적으로 분리했다(규칙2). 기존 양식에서는 담당자 정보(e)와 법원 출석에 대한 세부정보(f)가 옆에 붙어 있고, 서식도 유사했다. 바쁜 사람은 그 두 정보가 관련 있다고 생각할 수 있지만, 완전히 다른 주제다. 탐색이 용이한 양식은 이 항목을 분리하여, 법원 출석 세부사항을 서식의 맨 상단으로 옮겼다.

세 번째로 법원에 출석하는 데 필요한 모든 정보, 즉 법원 수소(d)와 출석 날짜와 시간(f)을 한 곳에 배치함으로써, 관련 주제를 가까이에 배치하였다(규칙3).

네 번째로 부제목을 추가했다(규칙5). 가장 두드러진 것은, 명확한 부제목을 추가해서 법원 출석 세부사항(f)을 강조한 것이다. 세부사항에는 '법원에 출석하세요'와 '법원 출석 장소'를 기재하였다.

다섯 번째로 법원 건물 목록을 수평으로 배치하여 시각적으로 나타냈다. 모든 담당자는 해당 법원에 마킹만 하면 된다. 기존 양식에서는 시민이 출석해야 하는 특정 법원 건물의 이름을 담당자가 법원 세부사항(f)에 손으로 써야 했다. 수령인은 손글씨가 읽기 어려워 오해를 해서 법원에 출석하지 못했을지도 모를 일이다.

연구진은 17개월 동안 다시 디자인한 서식의 영향을 시험했다. 대략 주민 32만 4,000명이 두 가지 출석요구서 중 하나를 받았다.

a. 제목	고소장/정보						

b. 수령인	성명(성, 이름, 중간이름)						
	도로명 주소					아파트 동호수	
	도시			주	우편번호		
	신분증/운전면허번호		주	유형/등급	만료일 (월/일/년)	성별	
	생년월일(월/일/년)	키	몸무게	눈	머리	차량번호/등록	
	등록 주	만료일 (월/일/년)	차량번호판 유형	차량 유형	제조사	연식	색깔

c. 혐의 사실

위에서 설명한 사람은 다음과 같이 기소되었습니다:

시간 24시간(시:분)	범행 날짜(월/일/년)			NYC 핑크 카피	
발생 장소					관할경찰서
위반 항목, 하위 항목	☐ 차량 및 교통 법	☐ 행정 규정	☐ 형법	☐ 공원 규칙	☐ 기타

범죄명:

d. 법원 주소

브롱크스 형사법원-215E 161st Street, Bronx, NY10451
킹스 형사법원-346 Broadway, New York, NY10013
레드훅 커뮤니티 징의 센터-88-94 Visitation Place, Brooklyn, NY11231
뉴욕 형사법원-346 Broadway, New York, NY10013
미드타운 커뮤니티 법원-314W 54th Street, New York, NY10019
퀸즈 형사법원-120-55 Queens Boulevard, Kew Gardens, NY11415
리치몬드 형사법원-67 Targee Street, Staten Island, NY10304

e. 담당자 정보 및 메모

피고인은 본인 앞에서 다음과 같이 진술했습니다(핵심 내용):

본소에 기소된 범죄의 실제 발생을 개인적으로 목격했습니다.
여기서 거짓 진술은 형법 210.45조에 따라 A급 경범죄로 처벌될 수 있습니다.
법에 따른 처벌을 받도록 확언합니다.

고발인의 전체 이름	고발인의 직급/전체 서명	확언 일자 (일/월/년)
에이전시	세무 등록 번호 #	명령 번호

f. 법원 출석 세부사항

위 사람은 뉴욕 형사법원에 출석해 주시기 바랍니다.	소환 부서	자치주
위치:		
법원 출석 날짜(월/일/년): , 오전 9시 30분		

a. 제목	**형사법원 출석요구서**	
b. 수령인	성명(성, 이름, 중간이름)	생년월일(월/일/년)
	핸드폰 번호(법원이 연락할 수 있는 번호)	집 전화번호(법원이 연락할 수 있는 번호)

f. 법원 출석 세부사항	**법원에 출석하세요:** 법원 출석 날짜(월/일/년):　　　　　　　　, 오전 9시 30분 **법원 출석 장소:**　　　　　　　　　　○ 기타 (구체적으로 지정): ○ 브롱크스 형사법원　○ 킹스&뉴욕 형사법원　○ 미드타운 커뮤니티 법원　○ 레드훅 커뮤니티 정의 센터　○ 퀸즈 형사법원　○ 리치몬드 형사법원 ****체포 영장을 피하려면 법정에 출석해야 합니다.**** **법정에서 유죄 또는 무죄를 주장할 수 있습니다.** 공공 음주 및 공공 노상방뇨 위반에 대한 예외사항은 뒷면을 참조하십시오.

d. 법원 주소	**법원 위치:** 위에서 확인된 법원 출석 장소로 출석해야 합니다. 브롱크스 형사법원·····················215E 161st Street, Bronx, NY10451 킹스 형사법원·····················346 Broadway, New York, NY10013 레드훅 커뮤니티 정의 센터··········88-94 Visitation Place, Brooklyn, NY11231 미드타운 커뮤니티 법원·················314W 54th Street, New York, NY10019 퀸즈 형사법원·················120-55 Queens Boulevard, Kew Gardens, NY11415 리치몬드 형사법원··························26 Central Ave, Staten Island, NY10301

c. 혐의 사실	**당신에 대한 고발 내용:**					
	법원					
	시간(24시간 형식, 시:분)				범죄 발생 날짜 (월/일/년)	자치주
	발생 장소				관할 경찰서	
	위반 사항, 하위 항목	□ 차량 및 교통 법	□ 행정 규정	□ 형법	□ 공원 규칙	기타
	추가 정보 및 질문:					
	귀하는 법정 출석 및 이 문서의 번역에 대한 추가 정보를 얻으려면 아래 웹사이트를 방문하거나 다음 연락처로 전화하시기 바랍니다. 웹사이트: www.mysummons.nyc **또는** 전화번호: 646-760-3010					

c. 혐의 사실			
	피고인은 본인 앞에서 다음과 같이 진술했습니다(핵심 내용):		
e. 담당자 정보 및 메모	본소에 기소된 범죄의 실제 발생을 개인적으로 목격했습니다. 여기서 거짓 진술은 형법 210.45조에 따라 A급 경범죄로 처벌될 수 있습니다. 법에 따른 처벌을 받도록 확언합니다.		
	고발인의 전체 이름	고발인의 직급/전체 서명	확언 일자 (일/월/년)
	에이전시	세무 등록 번호 #	명령 번호

수정된 서식을 받은 주민 중 출석하지 않은 비율은 기존 유형의 서식을 받은 주민과 비교해서 13% 낮았다. 이런 비율을 토대로 연구진은 탐색이 용이한 양식의 경우, 구속영장을 발급한 수가 2만 3,000명 적었다고 추정한다. 구성이 더 좋은 양식 덕분에 피고인들은 법정에 출석하지 않아 발생하는 가중 처벌을 피할 수 있었고, 이미 과중한 사법 체계의 개입도 막을 수 있었다. 현재는 도시 전체에서 표준 출석요구서로 쓰인다.

법정 출석요구서를 자주 쓰는 (또는 읽는) 사람들이 많이 없겠지만 쉬운 탐색을 위해 이런 동일한 원칙을 적용하면 누구나 이득을 얻을 수 있다. 메시지를 지도처럼 생각하면 바쁜 사람과 훨씬 더 효과적으로 소통하는 데 도움을 얻을 수 있다.

7장

원칙4:
서식을 충분히, 과하지 않게 사용하라

서식은 요리할 때 사용하는 향신료와 흡사하다. 즉, 신중히 생각해서 사용하되, 너무 많이 사용하지 않은 것이다. 그런 의미에서 밑줄 표시와 볼드체, 이탤릭체, 대문자, 글머리 기호 등, 텍스트 처리 방법을 단순한 도구가 아니라 글쓰기에 추가할 수 있는 기능적 요소로 생각해 보라.

오늘날 우리가 사용하는 표준 서식 도구는 수천 년 동안의 실험과 혁신으로 이뤄낸 결과다. 로마-색슨 초기 시절에는 작가가 글을 쓸 때 단어 사이에 마침표나 띄어쓰기조차 사용하지 않았다. 그 후 7세기에 진취적인 아일랜드 필경사들이 텍스트에 공백을 '넣어서' 더 쉽게 읽을 수 있게 되었다.[1] 그것이 얼마나 획기적인 발전인지 직접 확인할 수 있다.

공백 없음: 단어사이의띄어쓰기는수세기후에표준이되었다.

공백 있음: 단어 사이의 띄어쓰기는 수세기 후에 표준이 되었다.

분명 그 당시에도 글을 쓰는 사람들은 바쁜 사람들과 소통하는 것을 걱정하였다. 띄어쓰기를 하면 훨씬 쉽고 빠르게 글을 읽을 수 있다(우리는 아일랜드 필경사들에게 경의를 표한다). 결국 문단으로 알고 있는 줄 바꿈이 꾸준히 사용되었고, 생각의 끝과 시작을 표시하게 되었다. 그 후 이탤릭체, 강조 표시, 볼드체 등이 사용됐다. 오늘날 우리는 텍스트를 이해하고 탐색하는 데 도움을 주려고 다양한 서식을 사용한 글을 익숙하게 볼 수 있다.

서식에는 두 가지 주요 목적이 있다. 첫째, 서식은 단어 자체의 의미보다 더 많은 의미를 전달한다. 둘째, 서식은 특정 단어를 다른 단어보다 눈에 띄게 함으로써, 글을 읽는 사람의 관심을 사로잡는다.

시각적 대조가 보는 사람의 집중을 어떻게 자동적으로 끌어들이는지 기억하는가? 공원 그림을 다시 한번 보자.

반려견과 산책하는 사람이 그림의 배경과 대조되는 것과 마찬가지로 서식이 있는 단어는 서식이 없는 단어와 대조되어, 먼저 눈에 띄는 편이다. 이렇게 글을 읽는 사람의 주의를 특정 정보나 생각으로 집중시키고 싶을 때 서식은 강력한 도구가 된다.

글을 읽는 사람은 자신만의 경험법칙을 적용하여 서식을 이해한다. 예를 들어 영어 문장을 모두 대문자로 표기한 것은 흔히 소리

치는 것으로 해석하고, 이탤릭체는 때때로 아이러니하거나 비꼬는 것, 또는 비난하는 것으로 이해한다. 여기서 주목해야 할 문제가 있다. 바로 글을 읽는 사람의 경험법칙이 항상 작성자가 의도하는 의미와 일치하지 않는다는 점이다. 따라서 서식을 효과적으로 사용하고 싶은 작성자는 글을 읽는 사람이 서식을 어떻게 이해하는지 알고 있는 것이 중요하다.

효과적인 서식의 규칙

규칙1: 글의 서식과 읽는 사람의 기대를 일치시켜라

우리는 사람들이 글을 읽을 때 다양한 유형의 서식을 일반적으로 어떻게 해석하는지 알아보기 위해 온라인 설문조사를 실시했다. 작성자가 일반적인 스타일의 서식을 다양하게 사용할 때 작성자가 무엇을 의도한다고 생각하는지 797명에게 물었다. 질문을 중립적으로 유지하기 위해 우리는 별도의 지침이나 사전에 선택된 응답 선택지를 제공하지 않았다. 그저 단순히 그들에게 해석을 공유해 달라고 요청했다.[2]

강조 표시, 밑줄 표시, **볼드체**

설문조사에 응답해 준 대다수는 **볼드체로 쓰고,** 밑줄 표시가 있고, 강조 표시가 있는 글은 작성자가 가장 중요하게 생각하는 것을 나타낸다고 해석하였다. 주목할 점은, 문자메시지와 소셜 미디어 게시물은 일반적으로 이런 유형의 서식을 지원하지 않는다는 사실이다. 그러한 채널을 통해 소통하는 작성자들은 대안이 더 제한적이라 순전히 단어 그 자체를 더 강조할 수밖에 없다.

이탤릭체와 글자 색

이탤릭체를 쓰고 글자 색을 변경하는 경우, 글을 읽는 사람은 다르게 해석한다. 일부 사람들은 이탤릭체와 글자 색을 가장 중요한 정보에 주의를 집중시키려는 도구로 해석하는 반면, 또 다른 사람들

은 문장 안에서 더 엄밀하게 강조하기 위한 도구로 해석한다. 이것은 미묘하지만 중요한 차이다. 때때로 작성자는 주변 배경 텍스트에서 단어나 구문을 돋보이게 만들어 그 글의 의미를 심화하려 한다. 그것이 바로 강조다. 문장을 비교해서 생각해 보라.

"곧 있을 모임이 아주 기대되네요."
"곧 있을 모임이 *아주* 기대되네요."

후자의 문장에서 '아주'는 가장 중요한 단어가 아니지만, 작성자의 신이 난 감정을 강조하여 보여 주고 있다.

중요성과 강조는 동일하지 않은데, 글을 읽는 사람은 이탤릭체와 글자 색을 두 의미 중 하나로 해석한다. 따라서 이런 도구를 사용하고 싶은 작성자는 애매모호함을 주의해서 관리해야 한다. 일부 전문가와 전문가 기관은 다양한 유형의 서식을 사용하는 기준을 수립했다. 그 기준으로 혼란이 발생할 가능성을 줄여 준다. 예를 들어 법률 글쓰기에서 일반적으로 이탤릭체는 인용되었던 과거 판례를 참고할 때 사용된다. 그러나 기준이 존재하지 않는 환경이라면 작성자는 자신이 선택한 서식을 해석하는 데 도움이 될 만한 맥락을 제공해야 할 것이다.

이런 경우, 작성자가 자신의 스타일을 미리 알려줄 수 있다. '가장 중요한 핵심 내용은 파란 색깔이다' 또는 '나는 가장 중요한 핵심 내용을 이탤릭체로 표시했다'처럼 말이다. 이런 명백한 설명은 읽는 사람을 위한 기준을 만드는 것으로, 교과서에서 핵심 개념을 다른 글자 색으로 자주 표시하고 각 장의 시작이나 끝에 색의 의미를 정의하는 방식과 유사하다. 또한 작성자는 모든 불확실성을 없애기 위해 볼드체나 이탤릭체 문장 앞에 머리글header(가장 중요한:'처럼)을 추가할 수 있다. 그러나 앞서 언급한 대로, 문자메시지나 소셜 미디어로 소통하는 작성자는 일반적으로 이탤릭체와 글자 색 같은 서식을 사용할 수 없다. 그래서 그들은 영어는 모두 대문자로 쓰거나 전형적인 현대 서식 장식인 이모지emoji를 더 많이 사용할 것이다.

모두 대문자로 쓴 영어*

설문조사 응답자의 대다수는 모두 대문자로 표시한 것을 중요성을 나타내는 신호로 해석하였다. 그러나 상당수의 응답자(25%)는 모두 대문자로 표시하는 것을 분노를 표출하는 것으로 생각한다고 말했다. 후자의 해석은 소셜 미디어의 급부상으로 반영된 것일 수 있다. 소셜 미디어에서 대문자로 쓰인 댓글은 종종 공격적이거나 적대적인 것으로 여겨지기 때문이다. 서식 유형이 대체로 한 가지가 넘는

---

* 편집자주: 본문에서 언급되는 영어 대문자 사례는 모두 궁서체로 표기했다. 궁서체는 붓글씨에서 유래한 만큼 엄숙한 느낌을 주고 북한의 선전 매체에서도 자주 볼 수 있다. 항상 화가 나 있는 듯한 그 매체를 보면 알 수 있듯, 궁서체는 영어의 대문자와 비슷한 뉘앙스를 가진다.

의미로 해석된다면 혼란을 일으킬 수 있다. 모두 대문자로 쓰인 문장을 보면 사람들은 잠시 멈춰 궁금해 할 것이다. 작성자가 화가 났을까? 아니면 이 단어가 중요하다고 강조하는 걸까? 아니면 둘 다? 전후 내용을 주의 깊게 읽으면 작성자의 진짜 의도를 밝혀낼 수 있겠지만 바쁜 사람 대다수는 이미 읽는 것을 멈췄을 것이다.

아마 이런 애매모호함 때문에 모두 대문자로 사용하는 것은 법적 심의 대상이 되기도 했다. 미국 연방거래위원회US Federal Trade Commission는 (법적 이용약관 같은) 소비자 정보공개는 명확하고 눈에 잘 띄어야 한다고 요구한다.[3] 이 요구조건을 충족하기 위해 많은 기관이 계약서의 중요한 부분에는 모두 대문자를 사용한다. 예를 들어 아마존, 우버, 페이스북의 이용약관 계약 중 4분의 3이 넘는 약관을 보면 모두 대문자로 표기한 문단이 최소 하나는 있다.[4] 일부 주법은 모든 대문자 표기는 아동지원 명령부터 강제퇴거 권리에 대한 설명까지, 특정 유형의 계약에서 핵심 부분을 강조하기 위해서 사용되어야 한다고 분명히 지시한다.[5] 그러나 서식이 다양한 방법으로 해석된다는 점을 감안할 때, 모두 대문자를 사용하면 특정 단어가 확실히 읽히는 것을 보장하는 게 아니라 오히려 그것들을 눈에 띄지 않게 효과적으로 숨길 수 있다.

이런 가능성을 인지한 몇몇 법원은 최근에 모두 대문자로 쓰인 텍스트는 소비자에게 정보공개와 법률 서류의 중요한 내용을 알리기에 충분하지 않다고 결정했다.[6] 더구나 한 연구는 이런 법원의 의견을 뒷받침하였다. 연구 결과, 모두 대문자로 쓰인 텍스트는 글을 읽는 사람의 이해도를 높이지 않았다. 오히려 이해도를 떨어뜨리기도 했다.[7] 대문자로 쓰인 구절은 일반적인 구절보다 읽는 데 시간이 상당히 오래 걸린다. 특히 나이든 사람에게는 더욱 그렇다.

모두 대문자로 표기하는 경우 큰 장점 중 하나는 인쇄물부터 이메일, 웹 형식, 업무 채팅까지 작성자가 어떤 매체에서든 사용할 수 있다는 점이다. 그리고 대부분의 다른 서식 유형과 다르게, 대문자는 문자메시지와 소셜 미디어 게시물에서도 사용할 수 있다. 모두 대문자로 표기하는 것은 강조를 의미하기 위해 사용될 수 있지만, 무례하거나 어린이가 고함치는 소리로 더 쉽게 받아들일 수 있다는 점을 염두에 두어야 한다. 작성자인 당신이 의도한 것 그대로, 듣는 사람에게 전달되도록 주의해야 한다.

글머리 기호

글머리 기호는 아주 유용한 서식 도구다. 그렇지만 글머리 기호도 여러 가지로 해석될 수 있는 어려움이 있다. 또한 글머리 기호는 소셜 미디어나 문자메시지로는 잘 전달되지 않는다. 설문자의 응답자 대부분이 글머리 기호는 대체로 중요한 내용을 나타낸다고 말했지만, 또 다른 상당수가 글머리 기호를 계층구조와 논리를 따르는 신호로 작용한다고 해석했다. 후자의 견해를 보면 글머리 기호로 전달되는 단어들은 서로 논리적으로 연결되며, 글머리 기호 앞에 나온 구문과도 논리적으로 관련이 있다.

일반적으로 사람들은 글을 읽을 때 글머리 기호 목록 바로 앞에 나온 문장을 보고 목록 자체가 읽을 가치가 있는지 결정한다. 목록을 계층구조로 표시하려고 의도한 거라면 글머리 기호는 적합한 서식이다. 또한 읽는 사람은 하위 글머리 기호가 위에 있는 상위 글머리 기호와 바로 관련되어 있다는 것을 잘 알고 있다. 여기서 하위 글머리 기호는 상위 글머리 기호 아래에 들여쓰기로 끼워 넣은 기호를 말한다. 따라서 사람들은 상위 글머리 기호가 자신과 관련이 없다면, 하위 글머리 기호는 보지 않고 넘어갈 수 있다.

미국 연방 쉬운 언어 가이드라인은 글머리 기호가 정보를 체계적으로 정리하고 단순화하여 핵심 내용을 더 빠르게 이해하는 데 얼마나 유용할 수 있는지 분명히 보여 준다. [8]

표준 유형

메디케이드: 고령이고(65세 이상), 시각 장애나 다른 장애가 있고, 소득이 낮고 자원이 제한된 경우 신청하세요. 말기 질환 환자이고 호스피스 서비스를 원하는 경우 신청하세요. 고령이고, 시각 장애나 다른 장애가 있는데, 요양원에 거주하고 소득이 낮고 자원이 적은 경우 신청하세요. 고령이고, 시각 장애나 다른 장애가 있는데, 요양원 치료가 필요하지만 특별한 지역 사회 복지 서비스를 받으면서 집에 머무를 수 있는 경우 신청하세요. 자격

요건을 충족하면서 소득이 낮고 자원이 제한된 경우 신청하세요.

글머리 기호를 붙인 유형

아래의 조건을 충족한다면 메디케이드에 신청할 수 있습니다.

- 말기 질환 환자이며 호스피스 서비스를 원하는 경우
- 메디케어 자격요건을 충족하고, 소득이 낮고 자원이 제한된 경우
- 시각 장애나 다른 장애가 있으며 소득이 낮고 자원이 적은 65세 이상:
  - 요양원에 거주 중인 경우
  - 요양원 치료가 필요하지만 특별한 지역사회 복지 서비스를 받으면서 집에 머무를 수 있는 경우

표준 유형과 글머리 기호를 붙인 유형은 정확히 동일한 내용을 전달하지만 후자의 경우가 훨씬 쉽고 빠르게 정확히 읽을 수 있다. 후자의 경우가 읽는 사람이 기대하고 이해하는 방식으로 정보를 체계적으로 구성하고 있기 때문이다. 각 글머리 기호는 바로 앞 문장과 연결되고, 각 하위 글머리 기호는 바로 위 상위 글머리 기호와 관련되어 있다.

글머리 기호는 해석하는 방법이 다양하기 때문에 주의해서 사용해야 한다. 작성자는 내용을 체계적으로 정리하려고 글머리 기호를 자주 사용한다. 이런 경우, 글머리 기호를 붙인 항목이 그 기호가 없는 주변 배경 생각보다 더 중요하다는 것을 의미하진 않는다. 예를

들어 우리와 일하는 어느 기관에서는 기관 의장이 쓴 이메일을 다른 이사들과 공유한 적이 있다. 그 메시지의 우선 목표는 다음 이사회 회의 일정을 잡는 것이었으며 메시지의 마지막 문단에 포함되어 있었다. 메시지에는 다른 정보가 기재된 여섯 문단이 더 있었는데, 문단 중에는 초콜릿, 캐러멜, 화분처럼 신규 고객이 기관에서 받았던 13개 품목에 글머리 기호를 붙인 내용도 있었다.

이런 경우, 글머리 기호는 메시지를 읽는 사람의 목표와 작성자의 목표 사이에 부조화가 발생할 수 있다. 읽는 사람이 글머리 기호 항목을 가장 중요한 부분이라고 여긴다면 글머리 기호 항목을 읽은 후에 나머지 메시지 부분은 지나쳐도 된다고 느낄 수 있다. 그렇게 되면 작성자가 실제로 전달하고 싶었던 가장 중요한 정보를 놓칠 수 있다. 아니나 다를까, 이사회 의장은 다음 회의 일정을 잡는 데 어려움을 겪었다.

우선순위가 낮은 항목에 글머리 기호를 사용하면 진짜 중요한 항목이 관심에서 배제될 위험이 있다. 한 문장 내에서 세미콜론으로 분리하여 선물을 나열했다면 바쁜 이사진이 문서에서 더 중요한 정보를 놓치는 일을 막을 수 있었을 것이다.

바쁜 사람들이 볼드체(또는 이탤릭체, 강조 표시, 밑줄 표시 등)의 텍스트를 읽고 작성자가 의미하는 것이 무엇인지 고민하느라 읽는 것을 중단하는 일은 없어야 한다. 작성자가 글을 읽는 사람의 해석을 이해하거나 해석을 명확히 함으로써 그 혼란을 막을 수 있다. 작성자와 읽는 사람이 동일하게 서식을 해석할 때, 서식은 메시지를 읽고 이해하며 관여하는 데 아주 효과적일 수 있다.

규칙2: 가장 중요한 생각에 **강조 표시**, **볼드체**, <u>밑줄 표시</u>를 하라

거의 대다수 사람이 강조 표시, 볼드체, 밑줄 표시된 내용을 작성자가 가장 중요하다고 생각하는 것을 표현하는 것으로 해석한다. 그래서 이런 도구는 글을 읽는 사람의 주의집중력을 텍스트의 중요한 부분으로 집중시키는 데 유용하다.

또 다른 온라인 연구로 우리는 1,600명이 넘는 참가자 집단에게 돈을 지불하고 다섯 문단짜리 글을 읽어보라고 했다. 우리는 네 번째 문단 가운데에 한 문장을 끼워 넣었다. 다름 아닌 나중에 진행할 설문조사 질문에 대한 대답으로 '글을 읽는 바쁜 사람'을 선택하라고 지시하는 문장이었다. 첫 번째 참가자 집단에게는 서식이 없는 구절로 된 글을 보여 주었다. 참가자의 65%가 지시사항을 따랐다. 그들은 구절을 읽는 데 평균 2분을 썼다. 두 번째 참가자 집단에게 같은 글을 보여 주되, 지시사항 문장은 노란색으로 강조 표시가 되어 있거나 밑줄 표시 또는 볼드체로 표시되어 있었다. 참가자의 89%가 지시사항을 따랐고 그들이 읽는 데 소요한 시간이 평균 거의 20초 정도 적었다.[9] 핵심 단어에 서식을 입힌 덕분에, 사람의 관심을 사로잡고 당초 의도한 대로 소통할 수 있었으며 나머지 구절에 소요하는 시간을 줄일 수 있었다.

이런 서식 유형은 아주 효과적이기 때문에 의도치 않게 중요한 결과가 일어날 수 있다. 2021년 연구에서 우리는 대략 1,000명의 사람들에게 다섯 문단짜리 동일한 글을 읽어보라고 했다.[10] 역시나 네 번째 문단 가운데에 지시사항을 넣고, 나중에 진행할 설문조사 질문에 대해 특정한 응답을 선택하라는 내용이었다. 지시사항을 준수하면 연구에 참여하는 대가로 받는 보상의 절반에 상응하는 보너스를 획득할 수 있었다.

한 집단은 서식이 없는 글을 제시받았다. 이 사람들 중에 48%가 지시사항을 준수하여 보너스를 받았다. 또 다른 집단은 지시사항과 무관한 문장에 강조 표시가 되어 있는 글을 제시받았다. 이 경우 오직 39%만이 (강조 표시가 없는) 지시사항 문장을 읽고 정확한 응답을 선택하여 추가 보상을 받았다. 참가자들은 작성자가 의도적으로 가장 중요한 정보에 서식을 적용했다고 믿었기 때문에, 텍스트의 나머지 부분은 서식을 전혀 적용하지 않은 텍스트보다 더 자세히 읽지 않았다.[11]

강조 표시, 볼드체, 밑줄 표시는 상충관계를 포함한다. 즉, 글을 읽는 사람이 서식이 적용된 단어를 읽을 가능성은 높지만, 서식이 적용되지 않은 나머지 텍스트를 읽을 가능성은 감소할 수 있다. 작성자가 서식을 잘 사용하면 서식은 읽는 사람이 가장 중요한 정보의 위치를 찾고 이해하도록 도움을 준다. 그러나 비효과적으로 사용하면 서식은 오히려 작성자의 목표를 훼손할 수 있다. 효과적인 글쓰기의 모든 측면과 마찬가지로 작성자는 글을 읽는 사람을 알아야 하고 작성자 자신의 목표를 알고 있어야 한다.

규칙3: 서식을 제한하라

단어, 생각, 요청사항과 마찬가지로 서식도 적을수록 더 좋다. 방금 전 설명했듯, 약 1,000명의 사람을 대상으로 한 또 다른 연구를 자세히 살펴보자. 우리는 똑같이 온라인 설문조사 참가자에게 다섯 문단짜리 글을 보여주었고, 네 번째 문단에 지시사항을 포함했다.[12] 지시사항에 강조 표시가 된 글을 읽은 참가자들은 서식이 없는 동일한 글을 본 참가자보다 지시사항을 따르고 보너스를 받을 가능성이 더 높았다. 물론 당연한 일이다. 사람들은 강조 표시가 된 문장을 더 많이 보기 때문이다.

그런데 이번에 우리는 참가자에게 새로운 조건을 부여했다. 동일한 글이었지만 총 *다섯* 문장이 강조 표시가 되어 있었다. 이번 참가자 집단은 지시사항이 있는 문장 외에 강조 표시가 된 다른 네 문장도 보게 된 것이다. 이들은 지시사항 하나만 강조 표시가 된 글을 본 참가자보다 보너스를 받을 가능성이 적었다. 다시 말해, 1개의 강조 표시 문장을 본 집단은 참가자 84%가 보너스를 받은 반면, 5개의 강조 표시 문장을 본 집단은 참가자 65%만 보너스를 받았다. 단, 5개의 강조 표시 문장이 아예 강조 표시가 없는 문장보다 더 좋은 응답률을 만들어 냈다(55% 성공률). 그렇지만 동일한 구절에서 다수의 항목에 서식을 적용하면 가뜩이나 바쁜 사람의 주의를 서식이 적용된 모든 항목으로 분산시켜 서식의 장점이 희석되었다.

가장 중요한 점은 작성자로서 특별히 딱 한 가지만 집중시키고 싶다면 다수의 항목에 서식을 적용하지 말아야 한다는 점이다. 그런데 이런 질문이 생길 수 있다. "동일한 메시지에서 언급해야 할 중요한 항목이 3개 이상이라면 어떻게 해야 하나요?" 첫 번째 대답으로, 모든 정보가 진짜로 중요하냐고 물어보고 싶다. 대답이 그렇다고 한다면, 그다음으로 모든 정보가 한 메시지에 포함되어야 하는지 질문하고 싶다. 대답이 그렇다고 한다면, 이제 작성자는 서식을 아주 신중하게 적용해야 한다. (10장에서 이 문제를 더 자세히 다룰 것이다.)

다수의 항목이 동일하게 중요하다면 효과적인 글을 쓰는 작성자는 각 항목이 눈에 잘 띄게 서식을 적용하여 바쁜 사람이 그 모두를 인지하도록 도와주고 싶어 한다. 나머지 주변 배경 메시지를 가릴 가능성이 있다는 비용을 지불하면서도 말이다. 그럴 때는 바쁜 사람이 오직 서식이 적용된 내용만 읽는다고 상상해 보면 좋다. 글을 읽는 사람이 모든 필수 정보를 알아야 하는가? 그렇지 않다면 돌아가서 우리가 방금 제기했던 문제를 다시 생각해 보라.

같은 상황에서 일부 작성자가 사용하는 또 다른 방법은 동일한 메시지에서 서식을 다양하게 적용하는 것이다. 대체로 우리는 이렇게 아주 위험한 길은 가지 말라고 조언하는 편이다. 서식이 많으면 서식이 적용된 각 항목의 영향이 희석될 뿐 아니라, 다양한 서식 유형은 시각적으로 혼동을 일으켜 사람을 혼란스럽게 만든다. 다음은 제시카가 몇 년 전에 어느 택시 회사에서 받은 이메일이다.

제시카, **중요: 이 이메일을 전부 읽으세요.**

안녕하세요. 저희를 기억해 주셔서 감사합니다. 아래 여기를 선택하세요 링크에서 현금요금 기준인 예치금 25달러로 편도 서비스를 제공할 수 있습니다.

결제가 처리되면 결제 확인 이메일을 보내드립니다. 그러면 <u>모두 확인 및 예약 확정</u>이 처리된 것입니다.

결제가 완료되면 귀하의 일행(1)에 대한 픽업 일정이 확정될 것입니다.

<u>20XX년 1월 14일 금요일 @10:00am</u>

픽업: [주소]

하차: [주소]

요금: 편도 79달러

(픽업과 하차만 가능, 상점 방문, 추가 화물, 대기 시간은 추가 비용이 발생합니다.)

연락처: 555-555-5555

픽업 지시사항:

픽업 당일에 귀하가 제공한 연락처로 연락드립니다.

해당 지역에 도착하면 픽업 몇 분 전에 전화나 문자로 연락하여 귀하가 준비되었는지 확인합니다.

질문이나 변경사항이 있으면, 555-555-5555로 연락주세요.

지금 예치금 25달러를 결제하세요.

1. '어기를 선택하세요' 빨간 화살표 아래, '지금 클릭해서 납부하세요' 버튼을 선택하세요.

2. 신용카드나 페이팔 계정으로 결제할 수 있습니다.

서비스 이용시, 잔금 54달러는 현금 결제만 가능합니다!

택시기사 팁 불포함 * 팁은 관례로 감사히 받습니다.

감사합니다!

귀하의 영수증# / 거래ID#는 확인 번호입니다.

결제가 완료되면 최종 확인 메일을 보내드립니다.

감사합니다.

[영업사원 이름]

영업 및 지원 관리자

우리 지역의 가족 회사를 지원해 주셔서 감사합니다.

화려하고 웃기고 혼란스럽다. 무엇에 집중해서 읽어야 할까? 가장 중요한 정보는 무엇일까? 서식이 너무 많아서, 글을 읽는 사람마다 작성자의 의도가 무엇인지에 대해 의견이 다를 것이다.

우리가 학생들에게 이 이메일을 보여주었을 때, 일부 학생들은 가장 중요한 정보가 택시 픽업에 대한 세부사항이라고 결론을 내렸다. 또 다른 학생들은 도움을 요청하는 전화번호라고 생각했다. 또 다른 학생들은 25달러 보증금을 지불해야 한다는 것이라 생각했다. 픽업 시점에 납부해야 하는 잔금이 가장 중요한 정보라고 말하는 학생들도 있었다. 54달러 잔금이 지불되지 않아 작성자가 진지하게 모두 궁서체로 쓴 것이 아닐까? 아니면, 미래에 54달러를 지불해야 한다고 강조하고 있는 것일까? 이렇게 모든 항목에, 그리고 다양하게 서식을 적용하면 실제로 가장 중요한 것이 무엇인지 혼란스러움을 남긴다. 글을 읽는 사람이 혼란스러워 한다는 것은 작성자가 명확하게 소통하는 데 실패했다는 뜻이다.

작성자에게 필요한 해결책은 그 혼란 속에 숨겨진 중심점을 찾는 것이다. 자세히 읽으면 작성자에게 가장 중요한 정보 하나가 보인다. 택시 예약을 확정하려면 예치금 25달러를 지불해야 한다는 것이다. 이걸 빠르게 훑어본 후에 한 번에 이해할 수 있을까? 제시카는 이메일을 받았을 때 이해하지 못했다. 제시카는 볼드체에 밑줄 표시가 된 단어 '모두 확인 및 예약 확정'을 보고, 실제로 예약이 이미 확인되어 확정되었다고 믿었다. 그녀는 탑승예약을 확정하려면 예치금을 지불해야 한다는 사실을 몇 번이나 읽고 나서야 깨달았다. 서식이 이메일에 더 효과적으로 적용되있다면, 제시카는 시간과 노력을 절약했을 것이다. 그녀는 시간과 노력을 들인 후에야 핵심 세부사항을 끌어낼 수 있었다. 택시 회사가 서식을 제대로 적용하지 않았기 때문에 일부 고객은 핵심 정보를 놓치고 당황한 여행객들은 비행기를 놓쳤을지도 모른다.

택시 이메일은 바나나 빵으로 만든 피넛버터, 햄, 고르곤졸라 샌드위치 같은 글이다. 매력적인 재료를 모두 조합해 놓고 보니 좋아하기 힘든 음식처럼 되어 버린 것이다. 한 메시지에 서식을 너무 많이 적용하면 그 의미를 파악할 수 없다. 결국 가장 중요한 정보를 읽지 않거나 이해하지 못할 수 있다. 많은 항목에 서식을 적용하는 것은 서식을 하나도 적용하지 않는 것보다 비효과적이다. 당신이 적절한 요소를 선택하여 신중하게 적용해야만 글을 읽는 사람의 관심을 당신이 원하는 곳으로 정확하게 안내할 수 있다.

8장

원칙5:
관심을 가져야 하는
이유를 말하라

우리 대부분 타인의 관점에서 세상을 상상하는 것을 그리 잘하지 못한다. 어느 기발한 연구에서, 스탠포드대학의 연구자 엘리자베스 루이즈 뉴턴Elizabeth Louise Newton은 피실험자를 두 집단, 두드리는 집단tappers과 듣는 집단listeners으로 나눴다. 두드리는 집단은 생일 축하 노래와 미국 국가 같은 친숙한 리듬에 맞춰 책상을 두드렸다. 듣는 집단은 책상을 두드리는 소리를 듣고 어떤 노래인지 맞춰 보려고 노력했다. 그다음, 진정한 실험이 시작되었다. 두드리는 집단에게 듣는 집단이 된 것처럼 상상하고, 듣는 집단에서 소리를 듣고 어떤 노래인지 정확히 맞출 수 있는 사람이 얼마나 될지 예측해 보라고 했다. 두드리는 집단은 50% 정도는 성공하리라 예측했다. 실제로 듣는 집단에서 맞춘 사람은 2.5%에 불과했다.[1] 두드리는 집단은 듣는 집단의 마음속으로 들어가는 것이 어려웠고, 그 어려움이 얼마나 심각한지 알지 못했다.

우리 작성자들도 이와 비슷하다. 글을 읽는 사람의 관점에서 생각하는 것을 어려워하는 편이다. 우리는 그들이 우리 메시지에 더 많은 시간을 쓴다고 생각한다. 그들이 우리와 동일한 것에서 가치를 찾는다고 생각한다. 실제로는 서로 다른 가치를 갖고 있다. 그들은 자주 자신의 가치를 충족하지 않는 메시지를 무시해 버리고, 그래서 작성자는 목표를 이루지 못한 상태가 된다.

작성자인 우리가 글의 주제를 변경할 수는 없다. 우리가 할 수 있는 것은 스스로 훈련하여 글을 읽는 사람을 더 많이 이해하는 것이다. 그러면 그들과 더 효과적으로 소통할 수 있다. 그들이 메시지에서 가장 관심을 가질 만한 측면을 전략적으로 강조하고 왜 관심을 가져야 하는지 분명하게 표현할 수 있다.

가장 효과적인 글쓰기가 성공을 보장할 순 없지만 바쁜 사람들이 우리가 쓴 글에 관여할 가능성을 크게 높일 수는 있다.

개인적으로 관련된 글쓰기의 규칙

규칙1: 읽는 사람이 중요하게 생각하는 것을 강조하라
('그래서 어떻다는 거지?')

글을 읽는 사람은 어떤 주제가 개인적으로 관련 있다고 여길 때, 그

것을 이해하려고, 더 자세히 읽으려고, 더 많은 정보를 기억하려고 훨씬 많은 노력을 기울인다.[2] 즉, 사람들은 자신에게 직접 영향을 미치는 사항에 더 많은 시간과 노력을 기울이는 편이다. 어느 연구에서 심리학자 리처드 페티Richard Petty와 동료 연구진은 대학생에게 '졸업시험 의무화'처럼 대학에서 고려 중인 정책을 읽어 보라고 요청했다. 학생들은 자신들이 현재 다니고 있는 대학이 그 정책을 고려하고 있다고 들었을 때, 다른 대학에서 그 정책을 고려한다고 들었을 때보다 정책의 전체 내용을 더 주의 깊게 읽었다.[3]

노터데임대학교에서 진행한 또 다른 연구에서는 젊은층의 유권자 참여 단체인 락더보트Rock the Vote를 조사하여, 개인적인 영향에 대한 인식이 실제 메시지의 성공률을 얼마나 높일 수 있는지 알아봤다.[4] 락더보트는 락 공연에서 젊은층 유권자를 모집하기 위해 설립된 기관으로 1만 9,990명에게 이메일을 보내 자원봉사 신청을 장려하였다. 이메일은 두 가지 유형이었다.

글을 쓰는 사람의 관점 유형은 제목을 포함하였는데, 제목에는 새로운 자원봉사자를 모집하려는 작성자의 목표를 반영했다: 락더보트와 함께 봉사하세요. 글을 읽는 사람의 관점 유형은 받는 사람이 중요하게 여길 만한 것에 초점을 맞춘 제목을 포함했다: 무료 이벤트에 참여하고 싶나요?

또한 글을 읽는 사람의 관점 유형은 메시지 본문에 반복적으로 문장 하나를 포함했다: 최고의 공연을 무료로 관람하면서 동시에 중요한 일을 할 수 있습니다! 글을 읽는 사람의 관점 유형을 받은 이메일 구독자는 글을 쓰는 사람의 관점 유형을 받은 구독자보다 거의 4배나 많은 사람이 지원자로 등록했다.

쓰는 사람의 관점

받는 사람: [이름]

보낸 사람: 락더보트

제목: 락더보트와 함께 봉사하세요.

ROCK THE VOTE

안녕하세요, [이름]

2010년에 큰 선거가 있습니다.

그리고 여기 콜로라도주에서 락더보트는

여러분의 도움을 받아 콘서트와 축제, 술집,

캠퍼스 안팎에서 젊은층을 투표하도록 등록시키려고 합니다.

지역사회나 캠퍼스에 있는 락더보트 스트리트 팀에 참여하시겠어요?

콜로라도주의 락더보트에 자원봉사자로 등록하려면 여기를 클릭하세요.

락더보트는 콜로라도주에서 젊은층을 참여시키기 위해 헌신하고 있습니다. 올해 우리는 2008년 선거 이후 18세가 된 사람들과 이곳으로 이사와 새로운 주소지에서 재등록해야 하는 사람들에게 집중하고 있습니다! 젊은 이들이 유권자 등록을 하고 2010년에 다시 투표에 참여하도록 독려하는 운동의 일원이 되세요.

우리는 이미 몇몇 대규모 행사를 계획했습니다. 행사를 확인하고 자원봉사자로 등록하려면 여기를 클릭하세요.

여러분과 함께 일하기를 기대합니다.

감사합니다.

[책임자 이름]

콜로라도주 책임자

읽는 사람의 관점

받는 사람: [이름]

보낸 사람: 락더보트

제목: 무료 이벤트에 참여하고 싶나요?

안녕하세요, [이름]

2010년에 큰 선거가 있습니다.

그리고 여기 콜로라도주에서 락더보트는

여러분의 도움을 받아 콘서트와 축제, 술집,

캠퍼스 안팎에서 젊은층을 투표하도록

등록시키려고 합니다.

지역사회나 캠퍼스에 있는 락더보트

스트리트 팀에 참여하시겠어요?

> 최고의 공연을 무료로 관람하면서 동시에 중요한 일을 할 수 있습니다!
>
> **자원봉사 신청하기 ▶**

최고의 공연을 무료로 관람하면서 동시에 중요한 일을 할 수 있습니다!

콜로라도주의 락더보트에 자원봉사자로 등록하려면 여기를 클릭하세요.

락더보트는 콜로라도주에서 젊은층을 참여시키기 위해 헌신하고 있습니다. 올해 우리는 2008년 선거 이후 18세가 된 사람들과 이곳으로 이사와 새로운 주소지에서 재등록해야 하는 사람들에 집중하고 있습니다! 젊은이들이 유권자 등록을 하고 2010년에 다시 투표에 참여하도록 독려하는 운동의 일원이 되세요.

우리는 이미 몇몇 대규모 행사를 계획했습니다. 행사를 확인하고 자원봉사자로 등록하려면 여기를 클릭하세요.

여러분과 함께 일하기를 기대합니다.

감사합니다.

[책임자 이름]

콜로라도주 책임자

락더보트는 글을 읽는 사람에게 무료 콘서트라는 개인의 이익에 호소한 덕분에 자원봉사자를 늘리려는 목표를 달성하였다. 이번 경우에, 기관은 음악을 사랑할 것 같은 젊은층을 목표로 삼았다. 그들이 관심 있는 건 무료 콘서트만은 아니다. 다른 사람을 돕거나 자신의 가치를 표현하고, 또는 다른 사람들에게 동조하거나 그저 좋은 사람으로 비춰지고 싶다는 것도 그들에게 동기가 될 수 있을 것이다.[5] 동일한 실험에서 락더보트는 이런 다양한 주제를 강조하는 메시지를 이용해서 추가로 시험했다. 무료 콘서트만큼 많은 자원봉사자가 등록한 경우는 없었지만 글을 읽는 사람들의 유형과 그 사람들이 처한 맥락에 따라 반응은 확실히 달랐다. 따라서 가능하면 글을 읽는 특정 사람의 관점을 이해하고 다양한 메시지를 시험해 보는 것이 중요하다.

또한 락더보트는 글을 읽는 사람의 개인적 욕구와 목표에 호소할 때 윤리적으로 고려할 만한 중요한 사항을 강조했다. 글을 읽는 사람의 관점 유형을 받은 일부는 무료 콘서트 티켓에 끌렸기 때문에 이메일을 열었을 것이다. 이들은 자원봉사에는 관심이 없기 때문에 이메일을 열어 보고 메시지를 읽는 데 시간을 낭비했다며 속았다고 느꼈을지도 모른다. 또 다른 사람들은 무료 콘서트 티켓 때문에 메시지를 열었다가, 자신이 당초 기대하지 않았던 자원봉사에 관심을 갖고 있다는 사실을 깨달았을 수도 있다. 이런 사람들이라면 글을 쓰는 사람의 관점 메시지는 무시했을 것이다. 결국 읽는 사람의 관점에서 쓴 이메일 덕분에 놓쳤을지도 모르는 중요한 기회를 발견하여 더 나은 결과를 얻게 된 셈이다.

궁극적으로 다른 작성자들처럼 락더보트 이메일을 쓴 사람은 가 다른 정보를 강조함으로써 발생하는 비용과 이익 간에 균형을 맞춰야 했다. 자원봉사에는 관심이 전혀 없지만 콘서트를 사랑하는 사람이 소모하는 시간에 대한 비용은, 더 많은 자원봉사자를 모집하기 위해 지불할 수 있는 가격이다. 그러나 다른 맥락에서 글을 읽는 사람의 관점에 반영된 접근법을 사용하는 경우, 읽는 사람이 오해하거나 시간을 낭비할 위험이 이익보다 더 클 수 있다. 읽는 사람 중심의 메시지가 기본적으로 사람을 기만하는 거라면, 또는 읽는 사람이 작성자의 목표에 공감하지 못한다면, 목표 대상과의 소통은커녕 그들의 시간을 낭비하는 결과로 이어질 수 있다.

실용적인 글을 쓰는 작성자에게 좋은 편법은 바로 이 문장이다. '그래서 어떻다는 거지?' 메시지를 받는 사람을 떠올려 보고 그 사람이 당신이 하는 말에 관심을 갖게 만드는 것이 무엇인지 생각해 보

라. 추가로 고려할 요소가 있다면 글을 읽는 사람이 관심을 가져야 하는 단순 이유뿐 아니라 *지금* 관심을 가져야 하는 이유 즉, 메시지의 적시성이다. 이를 10장에서 더 자세히 살펴볼 것이다.

가장 간단한 일상 메시지(문자메시지, 업무 메일, 슬랙 스레드)도 읽는 사람의 관점을 염두에 두고 글을 쓴다면 더욱 효과적일 것이다.

규칙2: 어떤 사람이 관심을 가져야 하는지 강조하라 ('왜 나지?')

읽는 사람이 무엇에 관심을 갖고 있는지 정확히 예측하기 어렵다. 그래서 다른 유용한 전략은 어떤 사람이 관심을 가져야 하는지 강조함으로써 메시지의 목표를 겨냥하는 것이다. 메시지가 포괄적이고 일반적인 경우라면 읽는 사람은 대체로 메시지가 본인과 관련 없다고 여기고 무시해 버릴 수 있다. 그런 경우, 메시지와 확실히 관련된 사람은 중요한 정보를 놓쳐 버릴 수 있다.

특정 집단을 목표로 삼기 어려운 경우, 즉 대중을 상대로 메시지를 전달할 때는 목표 대상을 명확히 표현해야 한다. 시 정부가 공사 때문에 지역 도서관을 폐쇄한다고 주민에게 통지해야 한다면 이 통지문은 그 특정 도서관을 이용하는 사람들에게만 중요한 정보다. 그러나 시 공무원은 그들이 누군지 알 필요 없다. 이런 경우 메시지가 누구와 관련 있는지 강조하면 글을 읽는 사람의 시간을 절약하고 정보가 필요한 사람에게 전달될 가능성을 높일 수 있다.

'XYZ수프'라는 식료품이 있다고 치자. 안전상 문제로 이 식료품을 리콜해야 할 때 무슨 일이 발생하는지 생각해 보라. 리콜 대상 수프를 판매했던 식료품 가게는 그 상품을 구매했던 모든 고객의 정보를 갖고 있지 않다. 그렇지만 그들에겐 웹사이트와 메일링 리스트, 매장이 있으므로 안내문을 게시할 수 있다. 그다음에 그들은 정확한 수령인이 그 메시지를 인지하고 관심을 갖도록 보장할 수 있는 방법을 찾아야 한다.

리콜 안내문을 쓸 때, 가게는 자신의 관점에서 목표가 무엇인지 생각하고 제목을 붙일 수 있다. 바로 고객에게 리콜 결정이 이뤄졌다는 사실을 알리는 것이나.

가게의 관점

알림: 중요한 제품 안전 리콜 정보

고객의 관점

알림: 6월에 XYZ수프를 구입했다면, 리콜 대상입니다.

가게의 관점 알림은 모든 사람과 관련 있을 수 있지만 너무 일반적이라 거의 아무에게도 전달되지 않을지도 모른다. 대신에 고객의 관점 알림은 메시지가 어떤 사람과 관련 있는지 강조한다.

고객의 관점 알림은 메시지에 관심을 가져야 하는 사람에게 맞춰 제목을 작성하였다. 그 덕분에 메시지와 관련된 더 많은 사람이 메시지에 관여할 수 있고 무관한 사람들은 메시지를 건너뛸 수 있다. 따라서 바쁜 사람들에게 더욱 효과적이고 친절한 메시지가 된다.

매일 일어나는 개인 및 비즈니스 소통에서는 종종 상대방이 한 사람뿐인 경우가 많다. 그러나 메시지가 그룹 문자, 업무 메일 목록, 널리 읽히는 슬랙 채널 등으로 확장되면 곧바로 목표 대상 설정이라는 문제에 부딪친다. 이런 경우 메시지를 받은 사람의 속마음을 상상해 보라. '왜 나지? 내가 왜 이 메시지를 받았지?'

관심도 없는 회사 야유회에 대한 대량 이메일이나 먼 지인의 여름 휴가에 대한 알림을 받은 경험에 익숙할 것이다. 메시지에 목표 대상이 누구인지 앞서 정리하면 그 메시지를 무시하고 각자 일상을 보낼 수 있을 것이다. 반면에 당신이 자신과 무관한 메시지를 읽는 데 시간을 낭비한다면 짜증이 나고 속았다고 느낄 것이다. 효과적인 글을 쓰려면 이 관점을 글쓰기에 적용하라. 당신이 기대하는 대상이 누구인지 그리고 그들이 관심을 가져야 하는 이유를 명확히 밝혀라. 이렇게 목표를 설정하면 소통하고 싶은 사람들에게는 더 개인적으로, 다른 사람들에게는 방해가 되지 않게 다가갈 수 있다.

9장

원칙6:
응답하기 쉽게 작성하라

때때로 글쓰기의 주된 목표는 생각을 공유하고 글을 읽는 사람을 확실하게 이해시키는 것이다. 이런 글쓰기의 형태와 기대 수준은 아주 다양하다. 예를 들어 글의 목표는 학부모에게 그 주에 있을 학부모 모임을 확실히 알리는 것이나, 같은 부서 동료에게 부서의 최근 성과와 문제를 얘기하는 것일 수 있다. 가족 소식을 공유하거나, 이웃이 영향을 받을 만한 새로운 정책을 공유하고 싶을 수도 있다. 에세이, 기사, 한 권의 책도 이 범주에 포함될 수 있다. 규모를 불문하고, 근본적으로 최종 목표는 정보를 전달하는 것이다. 즉, 당신은 글을 읽는 사람이 당신의 메시지에 집중하고 관여하기를 원한다.

그런데 많은 유형의 일반적인 메시지가 응답을 목표로 한다. 메시지를 읽고 이해하길 원할 뿐 아니라 구체적인 행동을 실행하길 원한다. 예를 들어 구체적인 행동이란 미팅 일정 잡기, 요청사항에 응답하기, 프로그램 신청하기, 뉴스레터 구독하기, 인터넷 세미나에 등록하기, 학교에 더 자주 등교하기, 온라인 양식 작성하기가 될 수 있다. 또한 때로는 돈을 기부하거나 대의를 위해 자원봉사를 신청하도록, 또는 다가올 선거에서 후보자를 위한 선거운동을 장려하는 것으로 목표를 확장할 수 있다.

행동을 지향하는 메시지라면 받는 사람은 당신이 쓴 메시지를 읽고 이해해야 한다. 그러나 이것만으로는 충분하지 않다. 받는 사람이 요청사항을 이해한다고 해도, 그리고 관여하고 싶어 해도 요청사항이 너무 어렵거나 시간을 많이 써야 한다면 행동할 수 없을 것이다. 시간과 주의집중력의 근본적인 한계로 대부분의 바쁜 사람은 지금의 행동이 지나치게 비용이 많이 든다고 결정해 버린다. 그래서 그들이 행동을 미루다가 요청사항을 잊어버리거나 아예 행동하지 않기로 결정하는 것이다. 이번 장에서는 글을 읽은 사람이 행동할 가능성을 높이는 방법을 중점적으로 다룬다.

한 줄 요약TL;DR: 요청사항은 가능한 한 따르기 쉽게 만들어라.

쉽게 응답하는 글쓰기 규칙

규칙1: 행동에 필요한 절차를 단순하게 만들어라

행동할 가능성을 높이는 아주 강력한 방법은 아무런 노력 없이 실행에 옮기도록 하는 것이다. 즉, 아무것도 하지 않아도 저절로 행동하도록 설정할 수 있다. 예를 들어 공공서비스를 제공하는 많은 기업과 은행이 매월 고객에게 발송하는 청구서는 종이청구서가 기본값이다. 그래서 고객이 굳이 따로 선택하지 않으면 종이청구서를 '선택하게' 된다. 종이가 싫은 고객은 적극적으로 전자청구서로 변경할 수 있다.

기본값 설정의 힘을 현저하게 보여 주는 사례는 퇴직연금제도에서 확인할 수 있다. 미국에서 많은 고용주가 정규직에게 다양한 퇴직연금제도를 제공한다. 표준 등록 절차는 근로자에게 가입을 요구한다. 즉, 직원은 퇴직연금제도에 관한 정보를 받고, 신중하게 등록하는 절차를 거친다. 그러나 연구에 따르면, 근로자를 자동적으로 퇴직연금제도에 가입시키되 적극적으로 탈퇴 옵션을 제공하면, 참여율이 현저히 증가한다는 사실이 일관되게 나타났다.[1] 탈퇴할 수 있는 메시지는 장기 기증자 등록 가입[2], 독감 예방주사 접종[3], 오직 재생에너지만 사용하는 전력 프로그램 등록[4]을 포함하여 많은 행동을 장려하기에 효과적이었다.

기본값 설정 변경이 불가능할 때 실행 과정을 단순하게 하면 글을 읽는 사람이 행동할 가능성을 크게 증가시킬 수 있다. 과정을 단순하게 하는 아주 쉬운 방법은 필요한 절차의 수를 줄이는 것이다. 워싱턴 DC에 있는 컬럼비아 공립 교육구District of Columbia Public Schools와 공동 진행했던 한 연구에서 우리는 중고등학교 학부모

6,976명을 위한 문자메시지 업데이트 프로그램을 실행했다.[5] 그 프로그램은 학부모에게 매주 자녀가 수업에 빠지거나 숙제를 제출하지 않을 때, 또는 과목의 평균 성적이 낮을 때 자동으로 학부모에게 주간 소식지를 발송했다.

소식지를 받고 싶은 학부모는 직접 프로그램에 등록해야 했다. 모든 학부모는 처음에 그 새로운 프로그램 출시를 알리는 교육구의 문자메시지를 받았고, 그 후 등록하라는 초대장을 받았다. 그러나 바쁜 학부모는 종종 그 초대장 내용을 따르지 않았다. 그래서 우리는 프로그램 등록을 더 쉽게 만드는 방법을 시험하기 시작했고 다양한 접근법이 등록에 어떤 영향을 미치는지 추적했다.

첫 번째 학부모 집단은 교육구의 학부모 포털에 직접 로그인하여 서비스를 활성화해야 등록할 수 있다는 문자메시지를 받았다. 그 당시에 학부모가 등록할 수 있는 표준절차였다. 이 방법의 경우, 등록한 학부모는 1%미만이었다. 또 다른 학부모 집단은 별도로 온라인에 로그인을 할 필요 없이 'START'라고 회신을 함으로써 등록할 수 있다는 문자메시지를 받았다. 이 경우, 학부모의 11%가 등록했다. 마지막으로 세 번째 학부모 집단은 프로그램에 자동으로 등록되었다는 문자메시지를 받았다(즉, 서비스 등록이 기본값으로 설정되었다). 단, 학부모가 'STOP'이라고 회신하면 탈퇴할 수 있었다. 그랬더니 학부모의 95%가 등록된 상태를 유지했고 이 서비스 덕분에 학생의 학업 성취도가 향상되었다. 즉, '탈퇴'가 옵션인 집단에 속한 학부모의 경우, 학생 성적이 향상되었고 낙제한 과목 수도 감소했다.

다시 한 번, 기본값을 변경하면 학부모가 주간 소식지에 가장 많이 등록할 수 있다는 사실이 입증됐다. 별도로 온라인 등록 과정을 거쳐야 하는 것과는 달리 문자메시지 하나로 등록할 수 있는 간단한 방식으로 등록률이 1%에서 11%로 10배 이상 증가했다.

작성자가 요청하는 절차 자체를 통제하지 못하는 경우는 빈번하다. (장기 기증이나 회사의 퇴직연금에 대한 기본값 설정은 물론이고!) 등록 절차를 문자메시지 업데이트로 변경하는 것과 같은 큰 의사결정은 흔히 우리가 할 수 있는 일이 아니다. 그러나 글을 읽는 사람의 삶을 더 편하게 만들기 위해 우리가 보내는 메시지에서 할 수 있는 작은 일들은 많다. 그들이 행동하는 데 필요한 절차의 수를 줄이면 된다. 예를 들어 미팅 일정을 잡는 경우를 한번 보자. 우리는 예의를 갖추려고 다음과 같이 개방형 질문을 한다.

> 다음 주에 얘기할까요?

이런 유형의 탄력적인 요청사항은 상호 합의된 미팅 시간을 찾기까지 여러 통의 이메일이 오가는 상황으로 빠지기 쉽다. 따라서 다음과 같이 쉽게 이해하고 답변할 수 있는 방식으로 정리하여 미팅 소요시간과, 미팅 날짜와 시간을 제시하는 것이 더 효과적이다.

> 다음 주에 30분 정도 미팅할까요? 괜찮다면, 이 시간대 중 하나 어떤
>
> 가요? (동부시간 기준):
>
> • 화요일(3/13) 10:30 am
>
> • 수요일(3/14) 12:00 pm
>
> • 목요일(3/15) 3:00 pm

또한 일정 관련해서 일반적으로 발생하는 질문과 혼동을 미연에 방지하기 위해 앞서 언급했던 명확한 메시지를 위한 일부 규칙을 사용하였다. 이번 주를 말하는 건가? 다음 주를 말하는 건가?(날짜를 기재했다.) 제안된 시간대는 나의 시간대인가? 당신의 시간대인가?(모두 동부시간으로 기준을 명시했다.) 이런 메시지라면 모두가 추가적으로 불필요한 이메일을 주고받지 않아도 된다. 또한 미팅 일정을 잡을 가능성도 높일 수 있다.

어느 주요 미국 대학의 부총장실에서 이 과정을 한 단계 더 발전시킨 연구를 진행한 적이 있다. 바로 글을 읽는 사람에게 캘린들리 Calendly 앱으로 일정을 바로 예약할 수 있는 옵션을 제공한 것이다. 캘린들리는 온라인 달력과 통합된 일정관리 앱이다. 이 실험에서 대학 동창회 대표 115명은 미팅을 요청하는 이메일을 받았다. 이메일은 미팅 요청에 대한 맥락을 제공하는 간략한 소개 후에 다음 두 가지 중 하나로 내용이 끝난다.

가능한 일정이 있으면 줌이나 전화로 간단히 미팅할 수 있을까요? 문의사항 있으시면 연락주세요 그럼 미팅 일정을 조정하기 위해 연락 기다리겠습니다.

가능한 일정이 있으면 줌이나 전화로 간단히 미팅할 수 있을까요? 편의상, 제 달력으로 바로 연결되는 링크를 포함합니다. 여기서 가장 좋은 시간을 선택히시면 됩니다.

더 쉬운 유형은 가능한 미팅 시간을 바로 등록할 수 있는 옵션을 제공했다. 반면, 표준 유형은 미팅 가능여부를 회신해 달라고 요청했다. 부총장실은 더 쉬운 유형을 받은 사람 중 33%와 미팅을 잡을 수 있었다. 반면, 표준 유형을 받은 사람 중 미팅을 잡은 사람은 17%에 불과했다. 그런데 여기서 주의할 점이 있다. 디지털 캘린더 링크를 보내 미팅 일정을 정해 보라고 할 때, 기분이 상했다는 사람들이 있었다는 것이다. 특히 상대방이 미팅을 먼저 요청한 경우에 그렇다고 한다. 그래서 이 전략은 맥락을 파악해 보는 편이 좋다.

예를 들어 당신이 동료에게 부탁하는 상황이라면 강압적으로 수락을 요구하는 것처럼 표현하고 싶지 않을 것이다. 반면 친구에게 만나자고 제안하는 거라면, "다음 주에 만날까?"보다 더 구체적으로 제안하는 것이 좋을 것이다. 그렇다고 "ABC 레스토랑에서 화요일 저녁 6시 30분에 만나자. 특별히 다른 얘기 없으면 거기서 보자"라고 말하는 건, 꽤 건방지게 들릴 것이다.

다른 모든 규칙과 마찬가지로 응답하기 쉬운 글쓰기의 규칙은 글을 읽는 사람과 그들의 맥락을 모두 이해해야 한다.

규칙2: 행동에 필요한 핵심 정보를 정리하라

글을 읽는 사람이 행동할 가능성을 높이는 또 다른 방법은 그 행동을 수행하는 데 필요한 모든 정보를 쉽게 이해할 수 있게 만드는 것이다. 가능하면 명료함 규칙을 사용하여 메시지에 직접적인 모든 필수 세부사항을 기재하고 바쁜 사람이 쉽게 인지할 수 있도록 디자인하라. 좀 더 구체적으로 설명하기 위해 아주 흔한 유형의 비즈니스 소통, 즉 이메일 체인(Re: Re: Re: Re: Re:)을 생각해 보자. 주고받은 대화 전체가 담긴 긴 이메일에서 보낸 사람은 내용을 요약하기보다 이전 이메일을 참고하라고 하는 편이다: *4월 3일에 보낸 아래 메시지를 확인해 보시고 어떻게 생각하는지 알려 주세요.*

이전 이메일로 돌아가 참고하면 보낸 사람의 시간은 절약되지만 이런 접근법 때문에 받는 사람은 자주 시간과 노력을 더 많이 쓸 수밖에 없다. 위의 사례대로 라면 받는 사람은 이메일 체인을 뒤져서 4월 3일에 보낸 메시지를 찾아야 한다. 보낸 사람이 그냥 4월 3일 메시지의 관련 정보를 다시 기재하면 받는 사람은 더 빠르고 쉽게 응답할 수 있을 것이다.

필요한 정보를 제공한다는 것은 가끔 이미 다른 곳에서 이용할 수 있는 정보를 종합하여 축소하는 것을 포함한다. 2006년에 조지 W. 부시 대통령은 노인 의료 보험제도인 메디케어에 가입한 사람들에게 처방약 혜택을 제공하는 법안에 서명했다. 가입자에게 선택할 수 있는 수십 가지 제도를 제공했다. 정책 입안자들은 선택사항이 많은 것이 적은 것보다 더 좋다고 생각했다. 그들은 혜택 제도의 선택이 경제적으로 중요하기 때문에 시민이 자신에게 가장 좋은 제도를 심사숙고해서 선택할 것이라 판단했다. 정책 입안자들은 가입자가 정보를 토대로 선택할 수 있게 개인 맞춤형 비용 정보를 생성하는 웹사이트도 만들고, 웹사이트로 연결되는 84자로 된 링크가 포함된 편지를 발송했다. 이런 식으로 모든 가입자는 온라인에 접속하여 각 제도의 옵션을 철저히 알아보고 자신의 필요에 가장 적합한 옵션을 선택할 수 있었다. 그들이 해야 할 일은 그 링크에 접속하고 웹사이트를 탐색하는 것이었다.

정부 연구진은 의약품 혜택 웹사이트를 탐색하여 온갖 다양한 혜택 제도를 알려면 상당한 시간과 노력이 필요하다는 사실을 알았다. 그래서 그들은 더 간단한 방법으로 핵심 정보를 정리하면 자신에게 가장 좋은 제도를 선택하는 사람들의 능력이 개선될지 궁금했다. 연구진은 하나의 실험으로서 5,873명 메디케어 가입자에게 두 가지 유형의 편지 중 하나를 발송했다. 절반은 기존 유형의 편지를 받았다. (링크 주소가 기재된) 메디케어 웹사이트를 참조하도록 하고 웹사이트를 사용하는 방법에 관한 작은 책자를 동봉했다. 나머지 절반은 웹사이트에서 찾게 될 정보가 포함된 간략한 편지를 받았다. 이 정보는 가입자의 현재 보험제도에 대한 개인 맞춤 정보, 가장 저렴한 제도와의 비교, 추천할 만한 제도, 제도 변경으로 인해 가입자가 절약할 수 있는 금액에 대한 자세한 내용을 포함하고 있었다. 비록 웹사이트에서 동일한 정보를 자유롭게 확인할 수 있지만 가입자가 직접 온라인에 접속하여 정보를 얻도록 하기보다는 편지에 바로 정보를 제공함으로써, 제도를 변경한 가입자 수가 17%에서 28%로 거의 두 배에 달했다. 간략한 편지로 획기적인 절감 효과가 발생했다. 연구에 참여한 모두가 간략한 편지를 받았다면, 1인당 연간 평균 약값을 100달러씩 절약했을 것이다.[6]

바쁜 사람들에게 간소하게 잘 정리된 정보를 제공하면, 그들이 실행하는 데 필요한 절차의 수를 줄일 수 있다. 정부 기관은 점차 사람들에게 학교 등록, 세금 신고, 이민 신청 같은 작업을 온라인으로 신청하도록 장려한다. 일반적으로 글을 읽는 사람에게 이렇게 말하면서 소통을 시작한다.

> [정부 웹사이트]에서 온라인으로 이민 신청서를 작성할 수 있다는 사실을 아시나요?

웹사이트 링크는 분명 유익하다. 그러나 다른 문제가 남아 있다. 웹사이트에 접속하려면 사용자명이 필요한데, 사람들은 그 이름을 잘 기억하지 못한다. 사람들에게 사용자명까지 제공한다면 메시지는 훨씬 더 유용할 것이다.

> [정부 웹사이트]에서 온라인으로 이민 신청서를 작성할 수 있다는 사실을 아시나요?
>
> 당신의 사용자명 [이름]으로 [웹사이트]에 로그인 할 수 있습니다.

이런 종류의 개인 맞춤화를 항상 실현할 수 있는 것은 아니다. 운영 및 개인정보의 제약 사항 때문이다. 그러나 개인 맞춤화가 가능하다면 글을 읽는 사람이 요청된 행동을 따를 가능성을 높일 수 있다. 또한 이런 세부사항을 요청할 때 발신자가 처리해야 하는 다량의 이메일과 전화 통화량을 줄여 주고, 그 결과 발신자의 시간과 돈도 절약할 수 있다.

대다수의 작성자에게 더 신중히 정보를 종합 정리하여 가입자에게 도움이 될 만한 세부사항을 제시할 능력이 있다. 어딘가에 보관했거나 폐기했을지도 모르는 이메일 체인, 이전 문자메시지, 오래된 문서를 뒤적거리게 할 필요 없이 말이다. 효과적인 글을 쓰는 사람의 역할은 필요한 모든 정보를 한 곳에서 쉽게 접근할 수 있도록 보장하는 것이다. 글을 읽는 사람이 행동하는 데 필요한 정보를 직접 찾게 내버려둔다면, 그 사람은 행동을 미루고 나중에는 요청사항을 까맣게 잊어버릴 것이다.

규칙3: 필요한 주의집중력의 양을 최소화하라

우리 뇌의 주의집중력 시스템은 한계가 있어서 많은 집중을 요하는 작업을 완수하기가 어렵다. 특히 우리가 바쁠 때는 더욱 그렇다. 따라서 행동하는 데 필요한 주의집중력의 양을 최소화하면 글을 읽는 사람이 요청사항을 따를 가능성을 효과적으로 높일 수 있다. 주의집중력을 최소화하는 방법은 다양하다. 글을 읽는 사람에게 제공하는 선택사항을 제한하고, 응답 옵션에 제약을 주고, 응답 절차를 명확하게 나타내기를 포함한다.

작성자는 흔히 지나치게 많은 선택사항을 제공한다. 많은 선택사항을 제공하면 친절하고 사려 깊은 듯 보인다. 그러나 실제로 의도치 않게 받는 사람에게 주의집중력에 대한 무거운 부담을 지우게 된다. 몇몇 연구에 따르면, 선택사항이 너무 많을 때는 지금 당장 선택하는 것이 어렵기 때문에 종종 결정을 나중으로 미룬다(혹은 결정하지 않는다).[7] 대안의 수를 제한하면 선택하는 것이 훨씬 쉽고 에너지 소모도 줄어든다. 오바마 미국 전 대통령은 인터뷰에서 이런 전략을 잘 표현한 적이 있다. "제가 왜 회색 셔츠나 파란색 셔츠만 입는지 알게 될 겁니다…의사결정을 줄이려고 노력합니다. 먹고 입는 것에 대해 의사결정을 하고 싶지 않아요. 제겐 이미 결정할 일이 너무 많습니다."**8**

행동하는 데 필요한 주의집중력의 양을 최소화하면 실용적으로 중요한 결과를 가져올 수 있다. 앞서 언급했던 퇴직연금제도 사례로 돌아가 보자. 퇴직연금제도를 제공받은 직원들은 종종 등록하기 전에 많은 의사결정을 해야 한다. 예를 들어 그 제도에 얼마의 돈을 납부할 것인지, 저축액을 펀드와 채권형 펀드, 주식 인덱스 펀드, 성장 펀드 등 어떻게 자산을 배분할 것인지 결정해야 한다. 이렇게 복잡하고 시간 소모적인 의사결정 때문에 대부분이 그냥 제도에 가입하지 않는다. 심지어 대체로 가입을 선호하는 데도 말이다.

연구진은 이런 의사결정 과정을 단순하게 만들면 퇴직제도의 가입률을 높일 수 있는지 확인하기 위해 두 곳의 회사와 협업하여 연구를 진행했다. 구체적으로 연구진은 퇴직연금제도에 가입하는 옵션을 직원에게 제공했을 때 미치는 영향을 시험했다. 고용주는 미리 설정된 기여율과 자산배분을 포함하여 퇴직연금제도의 구성 항목을 사전에 선택해 두었다. 연구진은 그 대안과 현재 프로세스를 비교했다. 현재 프로세스는 직원이 가입을 원한다면 스스로 모든 가능한 대안을 보고 적극적으로 선택해야 했다. 그 대신 직원에게 사전에 선택된 옵션을 제공하자 가입률이 10~20%포인트 증가했다.**9** 직원에게 요구하는 주의집중력의 양을 줄이자, 참가율이 바로 증가한 것이다.

주의집중력의 양을 최소화하는 방식은 질문하는 사항을 제한하는 것이다. 이런 기법은 친숙한 환경에서 많이 적용된다. 다음과 같이 업무 환경에서 흔히 발생하는 질문을 생각해 보라.

광범위한 질문

어제 임원진 회의는 어땠나요?

협소한 질문

어제 임원진 회의에서 프로젝트 입찰서를 제출할지 결정됐나요?

이 질문 중 어느 것이 응답하기 더 쉬울까? *광범위한* 질문은 질문이 갖는 개방형 특성 때문에, 응답하는 데 시간이 더 많이 필요하다. *광범위한* 질문을 읽은 사람은 전체 회의 내용을 생각하고 종합해서 하나의 메시지로 요약해야 한다. 반면 협소한 질문을 읽은 사람은 회의의 특정 범위, 즉 팀이 입찰서를 제출하기로 결정했는지 여부에 집중한다. 협소한 질문은 간단하고 힘들지 않은 '예/아니요'로 답변할 수 있다. 여기서 주의할 점은, 메시지가 짧다고 해서 응답하기 더 쉬운 메시지는 아니라는 사실이다. 메시지는 더 짧지만 답변은 더 개방된 형태일 수 있다. 다른 모든 사항이 동일하면 *작성자*는 광범위한 질문에서 더 유익한 피드백을 얻을 수 있다. 그런데 이것은 글을 읽는 사람이 답변을 해야 가능한 일이다. 필요한 주의집중력이 많다면 답변 가능성은 줄어들 수밖에 없다.

더욱 집중된 주의력을 요구하는 메시지는 단지 글을 읽는 사람의 시간만 낭비하는 게 아니다. 또한 그런 메시지는 오해와 실수를 일으켜 엄청난 영향을 불러올 수 있다. 플로리다주의 팜 비치Palm Beach에서 악명 높은 나비형 투표용지butterfly ballots가 일으킨 혼란은 실제로 2000년 미국 대통령 선거 결과를 바꾸었다.[10]

이 투표용지를 주의 깊에 살펴본 유권자들은, 선호하는 후보자의 이름 옆의 화살표를 따라 왼쪽과 오른쪽 페이지 사이의 검은 점까지 이동하고, 그 검은 점에 구멍을 뚫어 투표하면 된다고 이해했을 것이다. 그러나 바쁘거나 주의가 분산된 유권자는 이해하지 못했다. 그들은 처음에 왼쪽 페이지를 읽고 나서 주요 정당 후보 두 명인 조지 W. 부시George W. Bush와 앨 고어Al Gore가 첫 번째와 두 번째 목록에 있는 것을 봤을 것이다. 빠르게 훑은 그들은 양쪽 페이지 사이의 첫 번째 구멍을 뚫는 것이 부시 후보에 투표하는 것을 의미하고 (맞다), 두 번째 구멍을 뚫는 것이 고어 후보에 투표하는 것(틀렸다)이라고 결론을 내렸을 수 있다. 그대로 두 번째 구멍을 뚫으면 오른쪽 페이지, 개혁당의 팻 뷰캐넌Pat Buchanan에게 투표하는 셈이다.

분석 결과, 이 나비형 투표용지 때문에 앨 고어 후보에게 투표하려 했던 2천 명이 넘는 사람이 실수로 뷰캐넌에 투표했다고 한다. 앨 고어는 537표 차이로 플로리다주에서 패배했는데, 그에게 투표하려 했으나 실수로 다른 후보에게 투표한 유권자 수보다 적은 수치였다. 결과적으로 플로리다주의 선거 결과는 전체 대통령 선거를 결정지었고, 부시를 백악관에 앉힌 결과로 이어졌다.[11] 투표용지가 필요한 주의집중력의 양을 줄이기 위해 작성되었다면, 2000년 대통령 선거 결과가 달랐을지도 모른다.

글을 읽는 사람에게 요구되는 주의집중력을 최소화하는 마지막 방법은 행동할 때 필요한 절차나 과정을 명확하고 간단하게 표현하는 것이다. 글을 읽는 사람은 무엇을 할지 알기 위해 필요한 정보를 직접 찾아야 한다면 행동하지 않을 수 있다. 마찬가지로 그들이 필요한 절차, 즉 *어떻게 하는지* 이해하지 못하면 행동하는 것을 포기할 수 있다.

한 연구진은 미국 국세청US Internal Revenue Service: IRS과 협업하여

캘리포니아의 근로소득 세액공제Earned Income Tax Credit: EITC에 대해 다른 유형으로 근로자와 소통해 보기로 했다.[12] 근로소득 세액공제는 자격을 갖춘 저소득 및 중간소득 근로자를 위한 세액공제다. 이것으로 근로자는 매년 납부할 세금을 크게 줄이거나 돌려받을 금액을 크게 늘릴 수 있다. 그러나 근로자가 근로소득 세액공제를 받으려면 자격을 갖추어 과세 신고를 하고 매년 공제액을 신청해야 한다. 일반적으로 매년 근로소득 세액공제를 받을 자격이 있는 사람 중 20%가 청구하지 않는다.[13]

연구진은 저소득 근로자에게 근로소득 세액공제를 받을 자격이 있을 수도 있다고 알리는 두 가지 유형의 통지문을 시험했다. 복잡한 기존 유형은 여섯 가지 글머리 기호가 적용된 목록을 포함하였는데, 그 목록은 동봉된 신청서를 작성하는 데 필요한 지시사항과 설명을 각주로 제공했다: 참고: 오직 근로소득 세액공제를 신청할 자격이 있다고 결정된 경우에만 근로소득 세액공제 신청서를 제출하세요.[14] 이와 반대로 간략한 유형은 이 책에서 언급한 많은 원칙을 적용했고 안내문을 읽는 사람이 해야 할 행동 절차를 명확히 설명했다. 다음 페이지에서 확인해 보자.

> **해야 할 일:**
>
> 3페이지에 있는 근로소득 세액공제 신청서를 작성하세요.
>
> **신청서에서 세액공제를 받을 자격이 있다고 확인되면,** 첨부된 시트에 서명하고 날짜를 기입하세요. 그리고 동봉된 봉투에 넣어 발송하세요.
>
> **신청서에서 세액공제를 받을 자격이 없다고 확인되면,** 신청서를 반환하지 마세요.

더 복잡한 통지문은 간단한 통지문보다 응답률이 27%나 적었다.

우리가 설명했던 모든 규칙과 마찬가지로 이런 접근법도 균형이 필요하다. 우리는 절차를 명확하면서도 *간단하게* 설명해야 한다. 설명이 지나치게 복잡하거나 번거로우면 실제로 글을 읽는 사람은 행동을 포기할 수 있다. 동일한 근로소득 세액공제 연구에서 연구진은 이런 효과를 문서로 정리했다. 그들은 두 가지 유형의 근로소득 세액공제 적격성 신청서를 시험했다. 두 가지 주요 적격성 기준이 포함된 유형과 일곱 가지 적격성 기준이 포함된 유형이었다. 더 복잡한 신청서에는 관련 세부정보가 더 많았지만 응답률은 17% 감소했다.

2000년 투표에서는 응답의 용이성에 집중하지 못해 선거 결과가 바뀌었다. 이 책을 읽는 대부분의 사람은 자신들이 얼마나 효과적인 글을 쓰는지에 따라 민주주의가 위태로울 수 있는 상황에 놓여 있진 않을 것이다. 그러나 글을 읽는 사람이 행동하도록 장려할 수 있는 효과적인 글쓰기의 원칙과 규칙은 모든 환경에서 유용하고 잠재적으로 인생을 바꿀 수도 있다. 저소득층을 위해서 근로소득 세액공제 신청 절차를 간략히 나타내자 그들의 삶의 질이 크게 변하듯 말이다.

NOTE

3부

쓰는 사람에게
전하는 말

10장

자주 묻는 질문

이 책에서 설명한 여섯 가지 원칙은 전반적인 지침이다. 그 원칙은 효과적인 글쓰기가 무엇인지 정의를 확립하는 것으로, 글을 읽는 바쁜 사람과 효과적으로 소통하는 데 필요한 기본적인 기법이다. 그런데 외부와 단절된 상태에서 소통하는 사람은 아무도 없다. 세상 밖으로 메시지를 보내는 순간, 복잡한 방해요소들이 끊이지 않는다. 이런 현실에 대처하려면 어떻게 효과적인 글을 쓸 수 있는지 설명하는 실용적인 방법이 필요하다. 즉, 여섯 가지 원칙을 실행하는 데 도움을 줄 도구와 전략이 필요하다.

우리는 교사이자 연구자, 자문위원이자 연설가로서 어떻게 효과적인 글쓰기를 할 수 있는지 항상 질문을 받는다. 예를 들어 사람들은 이렇게 질문한다. 가능한 한 메시지를 축약하려고 한다면 관런 없는 모든 내용을 잘라내야 할까? 글을 읽는 사람의 관심을 끌려면 따뜻하지만 '불필요한' 문장으로 시작해야 할까? 세 가지 요청사항인 담긴 메시지 1통을 보내는 것과 각 요청사항이 담긴 메시지 3통을 보내는 것 중 어느 쪽이 더 좋을까? 메시지에 적합한 매개체를 어떻게 선택할까? 메시지를 보내는 최적의 타이밍을 어떻게 알 수 있을까? 너무 밀어붙이거나 애매모호하게 하지 않으면서, 메시지의 긴급함을 어떻게 전달할 수 있을까? 효과적인 글쓰기의 핵심 요소와 자신의 목소리 및 독특한 독자의 구체적인 특징 간에 균형을 맞추려면 나의 어조를 어떻게 조정할 수 있을까?

이 모든 질문에 보편적이고 간단한 정답은 없다. 모든 상황이 다르기 때문이다. 결국, 글을 읽는 사람을 이해하고 그들에게 어떻게 글을 쓸지 각자 스스로 판단해야 한다. 그럼에도 우리는 효과적인 글을 쓰는 작가로서 특정 맥락에서 가장 적합한 결정을 내리는 데 도움이 될 만한 통찰력을 제공한다. 이번 장에 교육가, 연설가, 작가로서 가장 많이 받았던 질문을 실었다. 이 장은 이 책의 FAQ(자주 묻는 질문) 부분으로 생각하라. 효과적인 글을 쓰는 작성자가 역량을 다듬고 개선할 수 있게 도와주는 사전 지식과 같다.

할 말이 너무 많으면 어떡하는가?

실용적인 소통에서 글을 적게 쓴다는 건 종종 불가능한 도전처럼 보일 때가 있다. 하고 싶은 말은 다 하면서 간결하게 쓰려면 어떻게 해야 할까? 대체 얼마나 길면 너무 길다는 걸까? 제대로 균형을 맞추는 것은 어렵지만 두 가지 방법이 도움이 될 수 있다.

첫째, 간결하게 편집하라. 처음 쓸 때부터 간결하게 쓰는 것은 어렵다. 초안을 작성한 후, 잠시 멈췄다가 다시 한 번 고쳐 쓰면서 단어를 줄일 수는 없는지 자세히 살펴보라. 요즘에는 도움이 될 만한 소프트웨어가 있다. 그래머리Grammarly 같은 앱과 최신버전의 MS워드는 더 간결하게 쓸 수 있는 문장과 구절에 강조 표시를 할 수 있다. 단어를 잘라내기가 여전히 어렵다면 초안을 편집하느라 시간을 쓰는 것보다 처음부터 더 간결한 초안을 새로 작성하는 것이 더 쉬울 수 있다. 어떤 방법으로 하든, 간결하게 편집하는 것은 실용적인 글쓰기 과정에서 중요한 부분이다.

둘째, 메시지에 꼭 포함시켜야 하는 내용이 무엇인지 냉정하게 철저히 살펴보라. 메시지에 있는 모든 내용이 작성자로서의 목표에 꼭 필요한 것인가? 나중에 소통할 수 있는 건 없는가? 메시지 안에 담긴 모든 정보가 지금 당장 소통해야 할 만큼 똑같이 중요하다면, 다수의 목적이 있는 의사소통을 처리하는 방법이라는 별개의 질문이 생긴다. 우리는 잠시 후에 이 질문을 다룰 것이다. 그런데 많은 경우, 초안은 미션 크립mission creep 때문에 어려움을 겪는다. 즉, 글쓰기의 목표가 초기 설정에서 벗어나 서서히 변경되면서 확장되는 것이다. 글이 주체할 수 없을 정도로 장황하다면 본래의 주요 목표

에 다시 초점을 맞춰야 한다. 또는 그 목표가 처음부터 너무 광범위하고 지나치게 높은 수준이 아닌지 다시 생각해야 한다.

결국 작성자는 관련된 모든 내용을 소통하려는 욕구와, 내용을 더 추가할수록 사람들이 적게 읽는다는 원칙 사이에 균형을 맞춰야 한다. 이런 상충관계가 허용될 수 있는 경우가 있다. 특히 더 많은 사람과의 소통이 가장 중요한 목표가 아닐 때 그렇다. 법적 약관 및 조건을 작성하는 사람들은 최대한 많은 사람을 이해시키는 것보다 정보공개 요구사항을 충족시키는 데 더 관심이 있다. 그래서 그들에겐 간결함보다 완전성이 중요하고 읽기의 용이성보다 법적 준수가 중요할 수 있다.

우리가 글을 쓸 때 자주 이용하는 한 가지 전략은 가치 있지만 중요하지 않은 내용은 첨부파일이나 부록, 링크, 메시지의 서명란 아래에 배치하는 것이다. 메시지 본문에서 추가 내용을 참고로 언급만 하고 본문 밖으로 그 내용을 밀어내기 때문에 핵심 메시지에 대한 집중이 흐트러지지 않는다. 이런 접근법은 더 많은 정보를 담으려는 작성자의 욕구와 글을 더 적게 읽으려는 사람의 요구 사이에 다리를 놓는 데 도움이 된다.

핵심은 첫 번째 원칙에 따라 쓰는 사람은 자신의 목표를 달성하는 데 필요한 최소한의 단어, 생각, 요청사항을 사용하는 것을 목표로 해야 한다는 것이다.

장문의 글에 효과적인 글쓰기 원칙을 어떻게 적용하는가?

효과적인 글쓰기의 전반적인 원칙은 글쓰기 범위와 상관없이 적용된다. 물론 퓰리처상 수상을 목표로 소설을 쓴다면 분명 이런 원칙만으로는 한계가 있다. 그러나 장문의 글쓰기, 특히 에세이, 프로젝트 요약, 연간 보고서, 리뷰 기사처럼 장문으로 된 전문적인 글은 길이와 상관없이 읽고 탐색하며 이해하기 쉬워야 한다.

어떤 면에서 글을 읽기 쉽게 작성하는 일은 짧은 글보다 장문의 글에서 훨씬 더 중요하다. 상사가 당신에게 20페이지짜리 브리핑 보고서를 작성하기를 기대한다면, 보고서는 20페이지 분량이 되어야 한다! 그럼에도 여전히 친숙한 단어, 직선적인 문장, 간결한 문단, 간소한 서식, 잘 짜인 단 몇 가지 생각을 사용해서 작성할 수 있다.

장문 형식의 글쓰기에서도 목표를 아는 것은 특히 중요하다. 이점은 당신이 지금 읽고 있는 이 책을 쓸 때 우리 스스로도 끊임없이 떠올렸던 조언이다. 메시지가 길수록 쓰는 이유와 달성하고 싶은 결과에 초점을 계속 유지하기가 더 어려워진다. 글을 쓰는 목표를 명확하게 유지하고 머릿속으로 되뇌이면 어떤 정보를 남기고 어떤 정보를 버릴지 결정할 수 있다.

똑같이 중요한 여러 정보를 전달한다면, 어떻게 해야 하는가?

글을 쓰는 사람은 때때로 상당히 짧은 메시지에서도 다수의 중요 정보를 담아야 한다. 일반적인 한 가지 사례를 들자면, 병원에서는 전통적으로 신규 환자가 오면 (1)보험 정보를 묻고, (2)진료 접수에 필요한 안내사항을 제공하고, (3)환자에게 첫 진료 예약 시간을 알려 준다. 세 가지 정보 모두 지금 소통하는 데 똑같이 중요하다. 나중에 제공해도 되는 정보는 아무것도 없다.

이런 상황에서 작성자는 메시지 하나에 모든 정보를 전달하거나, 각 메시지마다 한 가지 목적 또는 한 가지 정보를 담은 다수의 메시지를 보낼 수 있다. 어떤 선택이 더 좋은지 확고한 규칙은 없다. 단, 직장인 대상으로 실시한 어느 설문조사에서 응답자의 72%가 각 정보가 담긴 메시지 3통을 받는 것보다 세 가지 정보를 포함한 메시지 1통을 받고 싶다고 말했다.[1]

그렇지만 맥락이 중요하다. 소통하는 대상이 다르면 기대치와 읽는 스타일, 개인적 선호도 다를 수 있다. 또한 글을 읽는 사람의 선호가 작성자의 목표와 꼭 일치하는 것도 아니다. 사람의 요구를 충족하는 가장 쉬운 방법은 원하는 게 무엇인지 직접 묻는 것이다. 현재 많은 회사가 사람들에게 종이 대신에 문자나 이메일로 정보를 받는 것을 선호하는지 질문한다. 작성자도 요청사항을 묶어서 받는 것과 개별로 받는 것 중 어느 것을 선호하는지 글을 읽는 사람에게 물어볼 수 있다. 그러나 이것이 항상 가능한 건 아니다. 그래서 이런 상황에서 작성자에게 추천하고 싶은 몇 가지 질문이 있다. 이 질문들은 작성자가 방향을 찾도록 도와준다.

모든 정보가 동일한 사건이나 행동, 요청된 행동과 관련이 있는가?

그렇다면 모든 정보를 메시지 하나로 결합하는 것이 타당하다. 대체로 병원은 이 방식을 사용한다. 전반적으로 병원에서 환자에게 3통의 별도 이메일, 즉 보험 정보 요청, 진료 접수절차 안내사항, 예약 세부정보를 담은 이메일을 각각 보내는 것은 모든 정보를 담은 이메일 1통을 보내는 것보다 비효과적인(그리고 더 짜증나는) 일일 수 있다. 모든 세부사항은 동일하게 병원 방문과 직접 관련이 있는 만큼 함께 다루는 것이 타당하다. 그러나 메시지의 다양한 내용이 깔끔하게 어울리지 않는다면 별도로 전달하는 것이 더 나을 수 있다.

글을 읽는 사람에게 요청하는 행동이 여러 가지라면, 요청을 동시에 완료할 수 있는가? 요청하는 행동 중 일부는 나머지보다 완료하기 더 힘들거나 시간이 더 많이 필요한가?

가족 중 한 명이 이런 내용을 담은 이메일을 보낸다고 상상해 보자. 가족 휴가 저녁식사에 몇 시에 도착하는지 질문하고, 다른 가족에게 줄 만한 휴가 선물을 추천해 달라고 요청하고, 오래전부터 내려온 가족의 쿠키 레시피를 찾는 것을 도와 달라고 요청하는 내용이다. 도착시간에 대한 질문은 버스를 타고 있을 때나 줄서고 있을 때 전화로 빠르게 답변할 수 있다. 선물 추천은 좀 생각할 필요가 있다. 쿠키 레시피를 찾는 것은 엄청 뒤져봐야 하는 일일 수 있다.

이렇게 메시지 하나에 다수의 요청사항이 담긴 경우, 요청사항마다 투입하는 노력 수준이 다르다면 대응하기 어려울 수 있다. 일부 사람들은 쉬운 요청사항에 빠르게 대응하고 어려운 요청사항은 잊어버릴지도 모른다. 또 다른 사람들은 모든 요청사항에 동시에 대답할 수 있을 때까지 응답을 보류할 수 있다. 즉, 가장 어려운 요청사항을 처리할 시간이 생길 때까지 잊지 않으려 하며 기다린다. 그런데 그렇게 자유시간이 많은 마법 같은 순간은 오기 힘든 법이다. 이런 경우에는 어려운 요청사항에서 쉬운 요청사항을 분리하여 각 다른 메시지로 전달하는 게 더 좋을 수 있다.

정보가 많은 메시지에 관여시키려면 어떻게 해야 하는가?

다수의 정보를 묶거나 별개로 분리하거나 상관없이 정보를 어떻게 전달하는지 미리 간단히 소개하면 바쁜 사람에게 도움이 된다. 다수의 정보가 포함된 메시지는 상단부분에 이렇게 명확하게 기재할 수 있다.

> 아래와 같이 세 가지 사항이 포함되어 있습니다. (1) 집 보수에 대한 진행 상황 보고 (2) 새로운 조명기구에 대한 승인 요청 (3) 미팅 일정 요청

마찬가지로 이 메시지를 작성한 사람이 각 정보를 별도 메시지로 분리하기로 선택했다면 그 내용도 간단히 소개할 수 있다.

> 집 보수에 대한 진행 상황을 알려드리려고 합니다. 새로운 조명기구에 대한 승인과 미팅 일정을 요청하는 추가 메시지는 곧 보내도록 하겠습니다.

도입 문단을 사용하여 나머지 내용이 무엇인지 설명하는 것을 길잡이signposting라 부른다. 길잡이는 글의 핵심 내용이 아니라 나머지 내용을 안내하는 로드맵으로, 보통은 말을 덧붙인다. 더 긴 메시지나 다수의 정보가 포함된 메시지의 경우에는 길잡이가 메시지 탐색에 용이하다.

위에서 설명한 대로, 또 다른 전략은 우선순위가 낮은 (그러나 여전히 꼭 필요한) 정보를 부수적인 위치에 배치하는 것이다. 정보를 포함하되, '이 주제에 관해 더 자세히 알고 싶으면 첨부파일을 확인하세요'라는 문구를 사용하여, 주요 메시지에서 제외한다. 또는 정보를

부록이나 링크에 배치하거나 서명 하단의 메시지 끝에 붙여 넣어 분리할 수 있다.

다수의 의사소통이 필요한 경우(알림, 반복 작업, 다수의 절차), 어떻게 해야 하는가?

글을 쓰는 사람은 종종 동일한 사람들과 반복해서 소통해야 한다. 진료예약 일정처럼 앞으로 있을 행사나 설문조사 응답처럼 아직까지 완료되지 않은 행동을 때때로 상기시켜야 한다. 또한 월별 카드 대금을 납부하거나 연간 소득세를 신고하는 것처럼 과거에 반복적으로 취했던 행동을 수행하도록 상기시키기도 한다.

동일한 사람들과 반복적으로 소통하는 것은 어렵다. 여러 차례 연락을 하면, 사람들의 반응이 달라지기 때문이다. 반복된 메시지에 점차 익숙해지는 사람들이 있다. 특히 그 메시지들이 비슷해 보일 때 더 그렇다. 사람들은 점차 둔감해져 각 후속 메시지에 주의를 덜 기울이기 시작한다. 반면에 다른 조사 결과를 보면 이전에 봤던 정보를 더 쉽게 처리할 수 있다고 생각하는 사람들도 있다. 그래서 그들은 더 많이 볼수록 실제로 더 좋아할 수도 있다. 이런 경우, 사람들은 유사한 후속 이메일에 더욱 관심을 기울일 수 있다.

이런 모순된 반응 때문에 작성자는 혼란스럽다. 이때 도움이 될 수 있는 두 가지 핵심 요소가 있다. 바로 반복되는 소통의 빈도수와 일관성이다. 이런 요소에 초점을 맞추면 훌륭하고 효과적인 균형을 맞추는 데 도움이 될 것이다.

빈도수: 메시지가 몇 통 정도면 너무 많은 것일까? 메시지를 너무 많이 보내면, 수신자는 모든 메시지를 무시할 위험이 있다. 그들은 앞으로 그 발신자가 보내는 모든 의사소통을 삭제하거나 무시할 수 있다. 또한 구독을 철회하거나 선택할 수 있다면 특정 발신자를 차단할 수도 있다. 그래서 불필요한 의사소통은 최소화해야 한다.

이와 동시에, 의사소통의 수를 너무 많이 줄이면, 글을 읽는 사람을 완전히 잃어버릴 위험이 있다. 반복된 메시지도 종종 필요할 때가 있다. 사람들은 잊어버리고 미루는 경향이 있기 때문이다. 특히 그들이 바쁠 때 더욱 그렇다. 예를 들어 한 연구진은 환자에게 예정된 검진 예약에 대한 알림을 보내면, 내원하지 않는 환자 수를 줄일 수 있다는 사실을 알았다.[2] 또한 정기적인 알림 메시지는 돈을 절약하고[3] 양육비를 지급하는 것처럼[4] 다른 행동들을 증가시키는 양상을 보였다.

올바른 메시지 빈도수를 결정할 때 작성자는 적시성 있는 알림으로 얻는 이익과 너무 많은 메시지를 보내 사람들이 메시지를 무시하는 위험 간에 균형을 맞춰야 한다. 투표 촉구 운동인 '투표하러 나가라get out the vote' 연구의 일부로, 연구진은 곧 있을 선거에서 투표하도록 장려하는 메시지를 등록된 유권자에게 10통까지 보냈다.[5]

처음에 보냈던 우편 메시지 5통은 각각 이전 우편물보다 유권자 투표율을 점차 증가시켰다. 그러나 마지막에 보낸 우편 메시지 5통은 더 이상 효과가 없었다.

극단적인 경우, 메시지를 너무 많이 보내서 상황이 더 악화된다. 케냐에서 진행된 연구에서, 연구진은 지역 HIV/에이즈 환자들 중 HIV 치료 요법에 대한 순응도를 높이는 방법을 찾기 시작했다. 환자 431명으로 이뤄진 집단은 치료 계획을 철저히 지키기 위해 일간 또는 주간 문자메시지 알림을 받기로 했다.[6] 48주가 넘는 기간 동안 주간 알림을 받은 환자는 알림을 받지 않은 환자보다 목표 순응도를 달성한 수준이 32% 더 많았다. 그러나 일간 알림을 받은 환자의 순응도는 개선되지 않았다. 그들의 순응도는 알림을 전혀 받지 않은 환자의 순응도와 유사했다. 연구 저자들은 일간 알림에서 거슬림을 느꼈거나 메시지가 너무 자주 와서 환자들이 그 메시지에 더 이상 주의를 기울이지 않은 것이라 추측했다.

다른 많은 지침과 마찬가지로 '적을수록 더 좋다' 원칙이 여기에서도 적용된다. 꼭 필요한 만큼만 많이 (그리고 꼭 필요한 만큼 자주) 소통하고 그 이상은 하지 마라. 글을 읽는 사람과 공감하고, 그들의 관점에서 메시지가 어떻게 보일지 생각해야 한다. 유틸리티 회사가 매월 1일에 고지서를 납부하라는 알림을 보내던 통지문을 1년에 한 번 보내는 것으로 줄인다면 어떨지 상상해 보라. 대부분의 사람이 가끔 제 시간에 고지서를 납부하는 것을 잊어버린다. 연간 알림은 도움이 될 정도로 충분한 빈도는 아니다. 이제 유틸리티 회사가 일간 알림을 보내 월별 고지서를 납부하라고 결정했다고 상상해 보라. 아마도 사람들은 고지서를 무시하기 시작하거나 알림을 중단할 방법을 찾을 것이다. 그리고 또다시, 가끔씩 고지서를 납부하는 것을 잊을 것이다.

이런 극단적인 사례는 전략을 미세하게 수정하는 데 도움이 된다. 당신이 글을 읽는 사람의 입장이라면 관여를 극대화할 방법이 무엇인지 생각해 보라.

일관성: 작성자는 동일한 사람과 반복적으로 소통이 이뤄질 때 종종 각 메시지가 (내용, 메신저, 서식에서) 일관성을 위해 동일해야 하는지, 또는 다양성을 위해 달라야 하는지 궁금해 한다. 정답은 전달되는 정보의 유형에 따라 다르다는 것이다. 그러나 도움이 될 만한 유용한 지침이 있다.

오픈 액세스 온라인 강좌를 제공하는 대형업체와 수행한 연구에서, 우리는 주간 이메일의 제목을 다양하게 하는 것과 동일하게 유지하는 것 중 어느 것이 더 효과적인지 시험했다. 우리는 제목을 다양하게 하면 학생들이 강좌 이메일을 열 가능성이 높다는 사실을 알았다.[7] 이런 특정 이메일은 순전히 정보를 제공하는 용도로, 강좌와 프로그램에 대한 알림과 최신소식을 포함했기 때문에 이메일의 가치가 비교적 낮았다. 그래서 학생들은 제목이 매주 동일할 때 메시지를 무시해도 괜찮다는 사실을 알았다. 본질적으로 그들은 제목을 경험법칙으로 사용하여 이메일이 유용한지 판단하고 관여 여부를 결정하였다. 반대로 학생들은 제목이 매주 변경될 때 이메일을 열어 메시지가 얼마나 가치 있는지 결정해야 했다. 그 때문에 일부 시간을 낭비할 수도 있었지만, 그 덕분에 그들이 놓칠 뻔한 관련 정보를 접할 수 있었다.

더 행동 지향적인 메시지가 유용하게 느껴지려면 제목이나 서식, 전체적인 포장을 일관되게 유지해야 한다. 그러면 글을 읽는 사람은 메시지가 관여할 가치가 있나는 사실을 더 빠르게 인식할 수 있다. 신용카드 회사가 매번 청구서 마감일만 되면 이메일이나 우편물로 아주 일관된 메시지를 어떻게 보내는지 아는가? 그들은 매월 전형적으로 정확히 동일한 스타일과 서식, 그리고 봉투(우편으로 보내는 경우) 또는 제목 및 발신자(이메일로 보내는 경우)를 사용한다.

반대로 선거운동에서 후원금을 모집하는 메시지는 사람들이 특별히 중요하게 여기지 않는다. 그래서 그들은 정기적으로 이메일 제목이나 봉투를 다양하게 변경한다. 모두 동일한 목표, 즉 후원을 부탁하는 것이지만 매번 꽤 다르게 보이도록 말이다.

목표가 분명하고 메시지가 어떻게 받아들여질지 이해한다면, 일관성과 다양성 중 무엇이 더 효과적인 전략이 될지 판단할 수 있다.

원칙을 적용하면서 전문용어를 사용할 수 있는가?

작성자는 많은 다양한 맥락에서 폭넓은 분야의 사람들과 소통한다. 우리가 사용하는 언어는 목표 대상이 누구냐에 따라 종종 다르다. 통계학자들끼리 의사소통할 때는 수학 용어를 사용할 수 있다. 이런 수학 용어는 그들에게 친숙해서, 더욱 명확하고 간략하게 소통하는 데 도움이 될 수 있다. 그러나 다른 사람들은 그리스문자와 공식을 이해하기 힘들 것이다.

따라서 작성자는 효과적인 글쓰기에 전문용어를 주의해서 사용해야 한다. 또한 간략하게 편집할 때도 글을 읽는 사람의 요구와 기대에 확실히 부합할 수 있도록 사용한 언어를 검토해야 한다. 목표 대상을 아는 것이 사용한 언어가 그들의 요구와 기대에 부합하도록 보장하는 가장 좋은 방법이다.

동일한 메시지를 많은 다양한 사람에게 전달해야 한다면 어떻게 해야 하는가?

효과적인 글쓰기 원칙은 소통이 한 사람을 대상으로 하는지, 수백만 명을 대상으로 하는지 상관없이 적절하다. 그러나 이런 원칙을 실용적으로 적용하는 것은 목표 대상이 얼마나 광범위하고 다양한지에 따라 달라질 수 있다. 관리자, 정치인, 의료진, 집단의 리더, 대학 학장, 홍보 담당자, 공공봉사활동을 하는 사람들 등 어떤 사람들은 광범위한 목표 대상의 관심을 끌어야 한다.

서로 다른 관심과 요구를 가진 다양한 범위의 사람들의 관심을 끌려면, 종종 단어를 더 추가해야 한다. 시의회 의원은 다수의 유권자(그리고 각자의 관심사)를 최신소식지 하나에 모두 다뤄야 할 때가 있다. 이렇게 하면 엄밀히 말해 '적을수록 더 좋다'는 원칙을 지키지 못한다. 그러나 궁극적인 글쓰기 목표를 달성하려면 때로는 더 많이 쓰는 것도 꼭 필요하다. 엔지니어, 마케터, 디자이너로 구성된 팀을 이끄는 관리자가 오직 엔지니어에게만 익숙한 전문용어를 사용해서 전체 팀에 메시지를 전달한다면, 나머지 팀원들은 메시지를 이해하기 어렵고 소외감을 느낄 수도 있다.

메시지를 보내는 사람은 누구여야 하는가?

메시지를 보내고 서명하는 사람이 누구냐에 따라 메시지에 반응하는 방법에 강력하게 영향을 미칠 수 있다. 즉, 동일한 정보라도 전달하는 사람이 다르면, 다르게 받아들여질 수 있다.

선거운동에서 유사한 자금 모금 메시지를 반복해서 받을 때, 매번 보낸 사람이 다르다는 점을 인지한 적이 있는가? 보낸 사람이 다르면 다양한 구독자의 관심을 사로잡을 수 있다. 그래서 선거운동에서는 더 많은 관심과 모금을 확보하기 위해 보낸 사람을 다르게 한다.

그들은 특정 집단에게 친숙하고 신뢰할 만한 사람을 선택해 메시지를 보낸다. 마찬가지로 광고주나 회사도 다양한 사람의 관심을 끌기 위해 메시지를 보낸 사람의 성별과 인종을 뒤섞는다.

메시지를 보낸 사람을 선택할 수 있을 때 주의를 기울여야 할 몇 가지 속성이 있다. 특히 신뢰성이 중요하다. 글을 읽는 사람은 신뢰하고 존경할 만한 원천에서 나온 메시지에 더 잘 응답하고 행동한다. 어느 연구에서 연구진은 저소득층 캘리포니아주민들이 근로소득 세액공제 자격을 확인하고 신청하도록 장려하고자 편지의 보낸 사람을 다양하게 구성했다.[8] 받는 사람의 절반은 세금을 관리하고 모으는 캘리포니아주 기관인 국세청Franchise Tax Board에서 편지를 받았다. 나머지 절반은 캘리포니아에 위치한 비영리조직인 골든스테이트 오퍼튜니티Golden State Opportunity에서 편지를 받았다. 두 편지는 받는 사람을 웹사이트로 안내하였고, 그들은 거기서 세액공제에 대한 자격 여부를 확인할 수 있다. 캘리포니아 국세청에서 편지를 받은 사람들은 골든스테이트 오퍼튜니티에서 편지를 받은 사람보다 웹사이트 방문율이 3배 더 많았다. 캘리포니아 국세청이 더 유명하고 신뢰할 만한 곳으로 여겨졌기 때문이다.

또한 전문적이고 친숙하며 신뢰할 수 있는 사람이 메시지를 보내면, 자선 기부를 장려하는 것부터[9] 흡연의 위험을 알리는 것까지[10] 폭넓은 활동 영역에서 사람들의 행동을 촉진시키는 데 더욱 효과적인 경향이 있다.

메시지를 보내기에 적합한 사람을 찾는 것이 복잡한 경우, 가상의 전문가를 떠올리는 유혹에 빠질 수 있다. 글을 읽는 사람을 속이는 명백한 윤리적인 문제 말고도 가짜 전문가는 사기가 드러나면 반발을 불러일으킬 수 있다. 학자금 관련 금융기 렌드에듀LendEDU가 드류 클라우드Drew Cloud란 사람을 허구로 지어냈을 때 그랬다. 드류 클라우드는 학자금 대출 전문가로 소개되었고 온라인 인터뷰도 했다. 그는 주요 뉴스 매체에서 인용되었고, 종종 학자금 대출을 차환해 주는 것을 옹호하였으며, 렌드에듀에게 이익을 가져다주었다. 그러나 2018년에 〈더 크로니클 오브 하이어 에듀케이션The Chronicle of Higher Education〉이 드류 클라우드는 렌드에듀가 만들어 낸 허구 인물이란 사실을 발견했다. 렌드에듀는 이 사건으로 많은 이의 반발을 샀고 그 분노는 계속해서 회사를 따라다닌다.[11]

언제 메시지를 보내야 하는가?

우리는 종종 응답할 가능성을 극대화하려면 언제 메시지를 보내야 하는지 질문을 받는다. 이 경우에도 한 가지 정답이 있는 게 아니다. 아침에 보낸 메시지가 저녁에 보낸 메시지보다 반드시 더 좋은 게 아니듯, 월요일에 보낸 메시지가 목요일에 보낸 메시지보다 확실히 더 좋은 것도 아니다.

글을 읽고 응답할 시간과 동기가 가장 많아 보일 때 메시지를 보내라

최적의 시기는 집단과 시간에 따라 크게 달라질 수 있다. 당신이 교사인데, 학생이 내일까지 완료해야 하는 숙제 문제로 바쁜 학부모와 소통할 필요가 있다고 상상해 보자. 아침에 메시지를 보내면 학부모는 제한된 집중력을 사용해서 몇 시간 후 자녀가 학교에서 집으로 돌아올 때까지 그 정보를 기억하고 있어야 한다. 오후에 메시지를 보내면 학부모는 곧 자녀와 숙제 문제를 논의할 수 있을 것이다. 그러면 학부모가 잊어버리거나 주의가 분산될 가능성은 줄어든다. 그런데 학부모 대부분이 오후에 일하고 그때는 너무 바빠서 메시지를 읽을 수 없을 경우를 생각하면, 아침에 메시지를 보내는 게 더 좋을 것이다. 물론 하루 종일 그 정보를 기억해야 한다는 부담은 있지만 말이다.

이제 또 다른 상황을 생각해 보자. 한 직원이 바쁜 동료에게 급히 처리해야 할 질문 하나를 해야 한다. 근무가 시작하는 시점에 이메일을 보내면 대답하기까지 하루의 시간을 동료에게 줄 수 있다. 반면에 근무가 끝나는 시점에 이메일을 보내면 다음날 아침 회사로 출근할 때쯤엔 답변해야 한다는 것을 잊어버릴 가능성이 크다. 그런데 이것도 동료가 이메일을 아침에 읽는다고 가정한 것이다. 동료가 오후에 맨 마지막(목록에서 가장 위에 있는) 이메일에 먼저 대응하는 식으로 일을 처리한다면, 아침에 보낸 이메일은 하루 종일 들어온 다른 이메일 속에 파묻히고 말 것이다.

결국 구체적인 목표 대상을 이해하는 것이 메시지를 전달하는 올바른 시기를 알 수 있는 가장 좋은 방법이다.

행동 지향적인 메시지는 그 행동을 해야 할 때가 가까워지면 보내라

글을 읽는 사람에게 행동해야 할 시간이 충분히 남아 있다고 치자. 이런 경우 행동을 요청하는 소통은 가능한 한 그 요청사항의 마감 시기가 가까워지면 보내야 한다. 소득세를 4월 15일까지 신고하기 위해 9월 15일에 알림을 보내는 것은 비효과적이다. 4월이 돌아올 때까지 대부분의 사람은 오랫동안 그 알림을 잊어버릴 것이다. 동시에 4월 15일에 소득세 신고를 하라고 4월 14일에 알림을 보내는 것도 비효과적이다. 대부분의 사람에게는 소득세 신고를 완료할 때까지 하루 이상의 시간이 필요하기 때문이다. 당신은 사람들이 메시지를 받을 때 적절한 수준의 긴급함, 즉 당황하지 않으면서 주의를 기울이는 수준의 긴급함을 느끼기를 원하지 않는가.

이메일, 채팅, 문자, 우편:
메시지를 보내기 가장 좋은 매개체는 무엇인가?

요즘에는 소통 수단이 무한하고 때로는 지나치게 압도적인 수준이라고 느낄 수 있다. 다양한 소통 수단은 각자 고유한 강점과 약점을 가지고 있다. 일부 조직은 직원이 소통하는 방식에 대해 명확한 기준을 수립한다. 또한 사람들은 각자 다양한 선호를 가지고 있다. 어떤 사람들은 최신 소식은 이메일로 받고 싶고 일정은 문자메시지로 잡고 싶어 한다. 또 어떤 사람들은 정확히 반대다. 가능하다면 다양한 유형의 정보에 따라 선호하는 방법이 무엇인지 사람들에게 묻는 것이 좋다. 그러나 물어보는 것이 가능하지 않을 때는 메시지의 길이와 서식, 그리고 읽는 사람의 일반적인 태도를 고려하여 메시지 목적과 읽는 사람의 요구에 가장 적합한 매개체를 사용하는 것이 좋다.[12]

최근 수십 년 동안 디지털 소통이 급부상했음에도(또는 급부상했기 때문에), 종이에 기반한 소통이 여전히 효과적일 때가 빈번하다. 특히 이메일과 문자메시지를 통한 디지털 메시지가 지나치게 많을 때 더욱 그렇다. 종이에 기반한 소통은 물리적으로 지속될 수 있다. 따라서 요청 행동이 시간이 많이 소모되거나 나중에 수행되어야 하는 경우, 또는 요청 행동을 다수의 여러 단계로 분할해야 할 때, 종이는 물리적인 알림 역할을 할 수 있다. 우리 연구 중 하나는 캘리포니아의 푸드 스탬프 프로그램인 칼프레쉬CalFresh의 대학생 등록률을 높이려면 우편엽서가 이메일보다 2배 더 효과적이라는 사실을 밝혀냈다.[13] 우리는 우편엽서가 왜 훨씬 더 효과적인지 정확하게 연구할 수 없었지만 두 가지 가능한 이유가 있다. 우편엽서는 이메일보다 흔치 않기 때문에 사람들의 관심을 더 많이 사로잡았다. 또한 우편엽서는 물리적 세계에 지속적으로 머무르며 학생에게 등록할 시간과 동기가 생길 때까지 푸드 스탬프 프로그램에 반복적으로 관심을 돌리게 한다.

메시지의 대상 집단과 소통 수단을 일치시키는 것 역시 중요하다. 기술을 이용하기 어렵거나 불편해 하는 사람들에게는 종이에 기반한 소통이 더 적절하다. 또한 디지털 소통 수단은 특정 인구층에 부담을 부과할 수 있다. 특히 직접적인 관여나 상호작용이 필요할 때 더 그렇다. 어느 연구에서, 그리스에서 역사적으로 불리한 지역사회에 거주하는 부모들은 자녀의 무료 치과 치료에 대한 정보를 얻을 때, 네 가지 유형의 소통 수단으로 정보를 찾으라는 요청을 받았다.[14] 부모는 이메일이나 전화로 정보를 요청하는 것보다 선불엽서를 이용하여 정보를 요청하는 경우가 18배 많았다. 이런 차이가 발생한 이유는 그 부모들은 직접 (전화나 이메일로) 소통하기에는 자신감과 자기효능감이 부족했기 때문이다. 이와 동시에 이메일이나 문자메시지로 소통할 때 내용이 더 잘 전달되는 사람들도 있다. 특히 우편주소를 알 수 없거나 오래된 것 같은 경우에 더 그렇다. 그리고 여러 사람에게 메시지를 보낼 때는 이메일이나 문자메시지가 인쇄물 형태의 메시지보다 더 간단하고 편리하다.

각 소통 수단의 표준은 맥락뿐 아니라 시간 흐름에 따라서 다양하다는 사실을 유념해야 한다. 이렇게 변화하는 패턴은 소통 수단의 효과성에 영향을 미칠 수 있다. 2006년에 시행된 연구 결과, 사람들에게 투표하라고 알리는 문자메시지 하나만으로 투표율이 4%포인트를 증가했다.[15] 2010년에 우리가 실시한 조사에서는 문자메시지 하나로 투표율이 1%포인트 증가했다.[16] 2017년에는 문자메시지가 투표율에 거의 영향을 미치지 않은 것으로 나타났다.[17] 분명 이제 문자메시지는 유권자에게 중요한 정보를 전달하는 데 효과가 적은 방법이 되고 말았다.

사람들이 문자메시지에 응답하는 방식이 변한 것은, 참신함과 양적인 측면과 관련이 많다. 2006년에 문자는 대부분의 사람에게 비교적 새로웠고, 문자메시지를 보내는 기관이 드물었다. 그래서 사람들이 메시지를 받으면 관심을 갖고 자세히 읽었다. 오늘날 기관에서 문자메시지를 보내는 것은 흔한 일이다. 여기에는 광고나 스팸메시지도 다수 있다. 그래서 사람들 대부분 2006년 당시에 비해 원치 않는 문자메시지에 관심을 많이 기울이지 않는다. 이 책을 쓰는 우리가 줄곧 강조해 온 것처럼, 사람들이 메시지에 관여하려면 무엇보다 효과적인 소통이 이뤄져야 한다. 디지털 소통 수단은 계속 발전하기 때문에, 앞으로 메시지를 전달하는 일반적인 매체가 무엇이든 유사한 패턴이 나타날 것으로 예상한다.

	강점	약점
채팅 플랫폼 (예 슬랙, 마이 크로소프트 팀 즈Microsoft Teams)	실시간 협업과 긴급하고 시간에 민감한 요청사항에 적합하다.(사람들이 계속 접속할 수 있는 경우)	사람들이 즉시 응답하지 않으면 쉽게 잊어버릴 수 있어서, 즉각적인 응답이 필요하지 않거나 불가능한 상황에서는 적합하지 않다.
문자메시지	거의 즉각적으로 사람들에게 전달되므로, 원하는 행동을 수행할 수 있는 정확한 시점에 전달할 수 있는 메시지에 이상적이다. 난, 읽는 사람이 주의를 기울여야 한다.	문자메시지를 읽은 후 관심에서 사라지는 경향이 있어서, 미래 지향적인 행동이나 시간을 두고 여러 단계로 수행하는 행동에는 적합하지 않다.
이메일	소통을 문서화하는 데 적합하다. 문자메시지에 담을 수 있는 것보다 더 자세한 정보를 전달하기에 유용하다. 특히 첨부파일이 있는 경우 더 적합하다. 대중에게 대량의 정보를 비교적 저렴하게 전달 가능하다. 링크를 통해 사람들을 온라인 출처로 안내하는 데 적합하다.	포화 상태에 도달하면, 메시지의 중요도와 상관없이 메시지가 누락되거나 너무 늦게 읽힐 위험이 증가한다.
종이 우편물	전달된 후에도 계속 남아 있는 '사회적 인공물'이 될 수 있고, 이에 대해 이야기하고 물리적으로 공유할 수 있다. 미래에 수행할 행동이나 시간을 두고 여러 단계로 수행하는 행동을 추적하는 데 유용하다.	디지털 메시지보다 전달하는 데 시간과 비용이 더 소요된다.

소셜 미디어에는 어떻게 글을 쓰는가?

이 주제에 관한 연구는 여전히 진행 중이지만 급진적으로 들릴 만한 것을 제안한다. 바로 소셜 미디어 글쓰기는 다른 유형의 실용적 글쓰기와 동일한 원칙을 적용해야 한다는 것이다. 우리는 이미 사람들이 더 읽기 쉬운 소셜 미디어 게시물에 관여할 가능성이 높다는 것을 언급했다.[18] 마찬가지로 소셜 미디어 글쓰기도 다른 다섯 가지 원칙을 적용하면 도움을 얻을 수 있다. 짧고 현대적인 형식에서도 효과적인 글쓰기는 여전히 효과적인 글쓰기다.

그러나 소셜 미디어에서 작성자의 목표는 다를 수 있다. 페이스북, 인스타그램, 틱톡, 엑스 등의 게시물은 사람들에게 단순히 정보를 효율적으로 전달하는 것 이상인 경향이 있다. 작성자는 종종 놀랍고 공유할 만한 가치가 있는 게시물을 작성하기를 원한다. 이렇게 하려면 여전히 엄격하게 단어 수를 제약하며 글을 써야 하지만 추가로 복잡성과 뉘앙스를 가미할 필요가 있다. 따라서 소셜 미디어 게시물은 효과적인 글쓰기 규칙과 더 개인적이고 격식 없는 스타일 및 매체의 목표 간에 균형을 맞춰야 한다.

디지털 메시지에서 하이퍼링크를 어떻게 사용해야 하는가?

디지털 소통 수단의 한 가지 강점은 읽는 사람을 다른 온라인 출처로 쉽게 연결해 줄 수 있다는 것이다. 대부분의 글쓰기 소프트웨어는 자동으로 하이퍼링크에 밑줄을 긋고 색을 변경하여, 더 많은 정보를 얻거나 작업을 수행하도록 클릭할 위치를 쉽게 찾도록 만든다. 다른 유형의 서식과 마찬가지로 하이퍼링크는 읽는 사람의 관심을 끄는 데 도움을 줄 수 있다. 시선을 추적하는 일부 연구를 보면, 글을 훑어보는 사람들은 하이퍼링크가 없는 단어보다 하이퍼링크로 연결된 단어에 더 많은 시간을 쓴다.[19] 물론 하이퍼링크가 메시지에서 가장 중요한 정보가 아니라면, 다른 유형의 서식과 마찬가지로 다른 정보를 밀어낼 수도 있다.

다음은 우리와 협업했던 어느 대형 교육구가 보낸 메시지다.

> 자세한 내용과 혜택 품목 목록은 2021년 재난 대비 세금 공휴일에 관한 국세청의 납세자 정보 간행물을 참고하시기 바랍니다. 참고로 2021-22학년도 학교 달력에 우선적으로 악천후(허리케인) 발생 기간 목록을 기재합니다.

글을 읽는 사람은 당연하게 밑줄이 그어진 하이퍼링크에 관심이 쏠리게 마련이다. 이렇게 하면 글을 읽는 사람은 가장 중요한 정보가 무엇인지 혼란스러울 수 있다. 여기서 하이퍼링크가 가장 중요한 정보는 아닌 것 같으므로 그 링크가 강조하는 단어 수를 최소로 줄이는 것이 좋다.

> 자세한 내용과 혜택 품목 목록은 2021년 재난 대비 세금 공휴일에 관한 국세청의 납세자 정보 간행물을 참고하시기 바랍니다. 참고로 2021-22학년도 학교 달력에 우선적으로 악천후(허리케인) 발생 기간 목록을 기재합니다.

간략하게 작성하는 것은 음성 읽기 도구를 사용해서 이메일을 이해하는 사람들에게 특히 중요하다. 그러한 도구는 일반적으로 어떤 단어가 링크와 연관되어 있는지 기록한다. 하이퍼링크로 연결된 단어가 의미를 전달하도록 보장하고 가능한 한 가장 적은 단어를 링크하면 모든 사람, 특히 시각장애가 있는 사람들과 음성 읽기 도구에 의존하는 사람들을 도와줄 수 있다.

풍자, 유머, 이모지를 사용하는 것이 적절한가?

글로 쓰인 유머와 풍자는 사람들이 쉽게 오해할 수 있기 때문에 위험하다. 사람들이 읽을 때 얼굴 표정, 억양, 소통의 진정한 의도를 전달하는 미묘한 사항들을 확인하지 못한다. 작성자가 이해하기 쉬운 풍자라고 생각할 때조차 사람들은 자주 혼란스러워 한다. 한 연구에서 사람들에게 풍자가 담긴 메시지를 써 보라고 요청했다. 그리고 그것이 풍자가 담긴 메시지라고 인식하는 사람들이 얼마나 될지 예측해 보라고 했다. 작성자들은 78% 성공률을 예측했다. 실제로 글에 풍자가 담겼다는 사실을 알아차린 사람은 50% 수준에 불과했다.[20]

마찬가지로 이모지도 의도치 않게 예상치 못한 혼란을 가져올 수 있다. 특히 연령대가 다양한 집단에서는 더 그렇다.[21] 웃는 얼굴의 이모지는 나이든 사람들 사이에서는 대체로 긍정적인 의미로 해석되는 편이다. 그러나 젊은 사람들은 종종 그 이모지를 잘난 체 한다거나 수동적인 공격성으로 해석한다.[22] 또한 이모지의 의미가 시간이 흐르면서 변한다. 그래서 이모지를 언제 어떻게 사용하는 것이 적절한지 알기가 점차 복잡해졌다. 일반적으로 이모지는 감정이나 유머를 전달하는 데 도움이 될 수 있다.

다양한 이모지가 생겨나면서, 심각한 생각을 표현할 때도 점차 이모지를 사용한다. 예를 들어 판사가 2023년 2월, 일부 이모지는 그 의미가 확실하기 때문에(적어도 지금까지는) 중요한 재정적 그리고 법적 영향을 미친다는 판결을 내렸다. 해당 판사는 🚀, 📈, 💰 은 '객관적으로 한 가지, 재무적 투자수익률을 의미하는 것'이라고 썼다.[23] 이모지가 심각한 함축적 의미를 가질 정도로 계속 발전할지는 두고 봐야 한다. 이렇게 현재 이모지는 다양하게 해석될 여지가 있으므로 작성자는 중요한 글을 쓸수록 이모지를 신중하고 명확하게 사용해야 한다.

작성자는 종종 읽는 사람들이 자신의 글을 웃기거나 심각하게 보지 않기를 원한다. 만약 당신의 목표라면 한번 해 봐라(그리고 행운을 빈다 😌). 그렇다면 웃기려고 노력하고 있다는 사실을 생각보다 훨씬 강력하게 표현해야 한다.[24] 당신이 풍자하고 있다는 것을 설명하면 재미는 덜하겠지만, 오해와 혼동을 줄일 수 있다.

단어 대신에 그림은 언제 사용하면 좋은가?

상투적인 말이지만 그림은 수천 단어의 가치가 있다. 단어를 이미지로 변환해서 글을 읽는 사람의 시간을 절약하고 작성자의 목표를 달성할 수 있다면 그림을 사용하는 편이 적합하다. 그러나 그림 때문에 글이 더 복잡해지고 읽는 사람을 혼란스럽게 하거나 주의를 분산시킨다면 그림을 사용하지 않는 편이 좋다.

때때로 이미지를 순전히 미적인 이유로 사용할 수 있다. 이것은 글을 읽는 사람의 관여나 전문성에 대한 인식을 높이는 유용한 전략일 수 있다. 이미지가 읽는 사람의 주의를 분산시키지 않고 쓸데없이 그들의 관심을 과도하게 끌지 않는다면 말이다. 또한 시각적 매력을 위해 그래픽 요소를 고려하고 싶다면 6장에서 설명한 대로 핵심 메시지를 좀 더 효율적으로 전달할 수 있는 도표, 그래프, 차트 등 다양한 디자인 요소를 고려해 보는 것도 좋다.

11장

글에 묻어나는 정체성

사람들이 모든 작성자를 공평하게 바라보면 좋겠지만 실제로 우리가 사는 세상은 그렇지 않다. 글을 읽는 사람들은 특정 유형의 사람들에게 기대하는 소통 방식이 있다. 또한 특정 유형의 사람들의 소통 방식에 대해 편견과 가정도 갖고 있다. 그들은 단어 선택부터 구문론, 전체적인 구조와 어조까지, 메시지가 작성되는 방식을 근거로 삼아 의사전달자communicator를 빠르게 판단한다. 특정 작성자가 보낸 한 줄짜리 이메일을 무례하다고 생각하다가도 다른 사람이 그렇게 보내면 전적으로 용인할 수도 있다.

성별, 인종, 민족성, 사회적 지위에 기반한 고정관념은 우리가 하는 모든 일에 침투한다. 글쓰기도 피해갈 수 없다. 사람들은 다양한 집단의 이메일을 받고, 동일한 고정관념이 그 메시지를 인식하는 방식에 영향을 미친다. 특히 외부 집단에서 메시지를 받는 경우 더 그렇다. 여성, 소수 인종이나 소수 민족, 사회적 지위가 낮은 사람이 보내는 소통 내용은 남성, 백인, 사회적 지위가 높은 사람이 보내는 소통 내용과는 다르게 (대체로 비우호적으로) 여겨진다. 사람들이 우리를 인지하는 방식이 메시지의 효과성에 영향을 미치면 우리가 이 책에서 다룬 모든 원칙은 한 단계 더 복잡해진다.

너무나 친숙한 일화 하나를 살펴보자. 남자와 여자 전문 편집자 두 명이 이메일 서명을 일주일 동안 서로 바꿔서 고객과 의사소통을 했다.[1] 여성 편집자는 그녀가 남자 동료의 서명을 사용할 때, 고객이 더 수용적이고 자신의 말을 더 진지하게 받아들인다는 사실을 깨달았다. 반면 여성 편집자의 서명을 사용한 남성 편집자는 고객이 예전보다 그의 제안에 더 많은 의문을 제기하고 더 거만한 태도를 보인다는 사실을 발견했다.

미국에서 수행된 무작위 실험은 여성이나 소수자로 보이는 작성자에 대한 편견이 있다는 사실을 거듭 보여 주었다. 예를 들어 사람들은 백인이라고 생각한 사람이 보낸 이메일보다 흑인이라고 생각한 사람이 보낸 이메일에 응답을 적게 하는 편이다. 이런 현상은 일반 대중[2], 대학 교수[3], 주 의원[4], 교육구와 지역도서관, 군청 직원 같은 공공서비스 제공자[5] 사이에서도 사실로 밝혀졌다. 비슷한 맥락으로, 대학 교수진은 주니어 수준 연구직에 남성 지원자가 여성 지원자보다 더 유능하고 바람직하다고 평가하는 것으로 밝혀졌다.[6]

또한 작성자는 자신의 정체성에 따라 사용하는 언어가 달라지는 경향이 있다. 아마도 사람들이 작성자 자신을 바라보는 방식이 메시지를 이해하는 방식에 영향을 미칠 수 있다는 사실을 작성자가 알고 있기 때문일 것이다. 지위가 낮은 작성자는 지위가 높은 사람에게 글을 쓸 때 상대적으로 직접적인 요청사항을 적게 포함하는 긴 문장으로 쓰는 편이다. 반면에, 지위가 높은 작성자는 그 반대로 하는 편이다.[7] 남성과 비교해서 여성은 느낌표 같은 따뜻한 신호[8], 양해를 구하는 표현[9], '나는 생각한다'와 '나는 느낀다' 같은 한정적인 문장[10]을 사용해서 글을 쓸 가능성이 높다. 그러나 여성이 남자처럼 이메일을 써서 보완하려고 할 때 여성 작성자는 '너무 차갑다'거나 '너무 공격적이다'라고 자주 인식된다.[11] 고정관념이 깊게 박힌 집단에 속한 작성자들은 이런 딜레마에 직면하곤 한다.

작성자로서의 정체성을 형성하라

우리가 외적인 정체성을 통제하는 데는 한계가 있다. 사회가 우리를 인식하는 기본 방식을 바꿀 수도 없다. 우리가 할 수 있는 것은 우리의 말(그리고 우리 모습)이 인식되는 방법과 그 인식이 작성자로서의 우리 목표에 어떤 영향을 미치는지 아는 것이다. 이것 때문에 더 주의를 기울여야 한다는 것은 사실 불공평하다. 많은 부담이 주로 사회적 약자에게 가해지기 때문이다. 또한 이것 때문에 위태로운 줄타기를 해야 할 때도 있다. 부정적인 고정관념을 수용함으로써 그것을 영구히 지속시키고 싶지 않기 때문이다. 동시에 우리는 글의 유형과 작성자의 배경과 상관없이, 모든 작성자가 효과적인 글을 쓰는 데 도움을 주고 싶다. 실제로 이렇게 하려면 타인이 우리를 인식하는 방식을 토대로 우리 메시지가 인식되는 방식을 알고 글을 써야 한다.

작성자는 메시지를 작성하기 전에 전반적인 문체와 어조를 결정해야 한다. 지침으로 삼을 수 있는 상황별 규범이 있는 경우가 많다. 기금 모금 편지나 회사의 재무성과에 대한 업무 메모는 개인이 직접 조정할 여지가 많지 않다. 그러나 일상적인 소통에서는 선택할 수 있는 대안이 많은 편이다. 격식을 갖춘 편지를 보내야 할까, 아니면 화려한 디자인의 약식 엽서를 보내야 할까? '안녕하세요!'라고 인사해야 할까, 아니면 '담당자분께'라고 인사해야 할까? 이런 결정은 직업적인(또는 비직업적인) 상황과 인식된 정체성에 따라 달라질 것이다. 글을 읽는 사람은 일반적으로 언어와 구성 측면에서 소통 내용의 문체를 살펴보고 작성자의 호감도와 신뢰성, 관련성, 목표를 추론한다.

일부 연구는 정부가 비교적 공식적인 언어로 소통할 때 사람들이 응답할 가능성이 더 크다는 사실을 발견했다.[12] 격식을 갖춘 형태는 공공 분야의 맥락에서는 신뢰성을 나타내는 신호로 일부 작용하기 때문이다. 또 다른 연구에서는 소셜 미디어에서 격식 없는 비공식적인 언어를 사용하는 정치인은 대중에게 신뢰를 주지 못하는 것으로 나타났다. 사람들이 정치인에게 기대했던 소통 방식과 문체가 어긋나기 때문이다.[13] 마찬가지로 사람들은 소셜 미디어에서 캐주얼한 언어를 사용하는 낯선 브랜드를 신뢰하기 어려워 한다. 기업의 소통 방식에 대해 기대하는 규범이 있기 때문이다. 그렇지만 모든 규범과 마찬가지로 이런 규범도 발전하고 있는 것처럼 보인다.[14] 이런 고려사항은 개인적 정체성을 추가로 감안해야 할 때 훨씬 더 복잡해질 수 있다. 낮은 지위라는 개인적 정체성을 가진 누군가가 직업적 지위가 높은 위치에서 소통하고 있을 때처럼 말이다.

일반적으로 의사소통에서 공식적인 문체는 글을 읽는 사람의 기대와 일치할 때 효과가 더 좋다. 그렇지만 몇몇 맥락에서 비공식적인 문체가 더 적합하고 효과적일 수 있으며, 심지어 공식적인 문체가 적합하지 않게 보일 때도 있다. 예를 들어 친한 직장동료나 지인에게 지나치게 딱딱하게 이메일을 쓰면 이상하거나 무례한 인상을 줄 것이다. 또한 권력이 있는 사람에게 지나치게 격식 없이 이메일을 쓰면 역시 무례한 인상을 줄 것이다. 두 가지 경우 모두, 글을 읽는 사람은 의사소통의 문체가 암시하는 것 때문에 응답하지 않을 수 있다.

공식 대 비공식처럼 따뜻함과 간결함 간의 상충관계는 많은 작성자에게 익숙하다. 작성자는 종종 메시지가 더 친근하고 정중하게 보일 수 있게 주된 목표와 관계없는 내용도 포함한다. 친근함과 정중함은 직업적인 맥락과 개인적인 맥락에서 모두 중요한 특성이다. '잘 지내고 계신가요?'로 시작하는 모든 이메일을 생각해 보라. 이런 인사말은 '적을수록 더 좋다'는 관점에서는 불필요해 보인다. 그러나 분명 인간의 상호작용에서 중요한 부분이다. 메시지에서 관련 없는 모든 내용을 잘라내면 공격적이거나 무례한 인상을 줄 위험이 있고, 결국 글을 읽는 사람이 메시지에 관여할 가능성이 줄어들 수 있다.

정확성과 개성 사이에 적절하게 균형을 맞춘 글쓰기는 특히 여성과 소수인종, 소수민족인에게 중요하다. 권력, 지위, 인종, 성별, 다른 정형화된 정체성은 글을 읽는 사람들이 기대하는 글쓰기 방식, 특히 그들이 기대하는 따뜻함에 영향을 줄 수 있다. 많은 작성자가 메시지에 따뜻하고 개인적이고 예의바른 언어 표현을 '더 많이' 포함하면, 약간 장황하지만 자신의 목표를 달성하는 데 도움은 된다고 생각할 수 있다. 그러나 '적을수록 더 좋다'는 원칙은 여전히 유효하다. 메시지를 시작할 때 따뜻하고 개인적인 문장 하나를 포함하면 읽는 사람이 관여할 가능성을 높이고 작성자에 대한 부정적 기대를 완화할 수 있다. 그렇지만 두 문단짜리 개인적인 서문을 포함하면 역효과가 발생하여 글을 읽는 사람이 작성자를 바라보는 방식에 해를 끼칠 수 있다.

적합하고 효과적인 소통을 위한 문체를 선택하려면 글을 읽는 사람의 기대와 규범을 이해해야 한다. 그러나 때로는 우리가 그런 규범을 통제하거나 그들의 기대를 받아들여야 한다. 높은 지위의 공무원이 글을 썼는데도 불구하고 인종이나 성별, 다른 정체성 요소 때문에 낮은 지위로 인식될 수 있다. 이런 경우에, 글을 읽는 사람이 기대했을지 모를 지나친 따뜻함이나 격식을 수용하는 것은 작성자가 할 일이 아니다. 사회적 규범과 기대는 지난 수십 년 동안 크게 변했다. 일부는 사회적 그리고 문화적 기대에 굴복하지 않았던 사람들의(작성자를 포함한) 행동 때문이다.

이 책의 저자인 우리는 특혜를 받는 사람의 입장에서 글을 쓰고 있다는 사실을 절실히 느끼고 있다. 우리가 명문 대학에서 일하고 있다는 이유로 사람들은 종종 우리가 쓴 글을 일단 신뢰하는 편이다. 단, 이 책의 글쓰기 6원칙은 우리가 주관적이고 개인적으로 관찰한 것이 아니다. 이 원칙들은 폭넓은 연구와 분석, 실험을 거쳐서 완성된 소통 전략이다. 이 원칙들은 보편적인 인간 특성, 즉 제한된 주의력과 집중력, 경험법칙 적용, 바쁜 사람들의 태도, 서면 메시지를 통해 정보를 주고받는 방식에 뿌리를 두고 있다.

우리는 당신의 구체적인 환경, 의도, 맥락을 알 수 없지만 본질적으로 글쓰기 6원칙은 특별한 정체성이나 환경과 상관없이 적용된다. 이 원칙들은 제약된 조건 내에서 최대한 좋은 성과를 내도록 도와준다. 다른 모든 조건이 같다면 단어를 많이 쓰는 편보다 더 적게 쓰는 편이 좋다. 응답하는 데 노력이 많이 드는 편보다 더 적게 드는 편이 좋다. 무엇보다 읽기 어려운 글보다 더 쉬운 글이 좋다. 그러나 작성자는 개인적 정체성을 토대로 다르게 인식되기 때문에 6원칙을 실제로 적용한 결과가 처한 환경에 따라 작성자마다 다를 수 있다. 분명 읽는 사람이 갖고 있는 고정관념은 불공평하지만, 위 사실들은 효과적인 글을 쓰는 데 아주 중요하다.

진실 테스트를 적용하라

우리가 아직 언급하지 않은 한 가지 정체성 요소가 있다. 그리고 이 정체성 요소는 이전에 나왔던 모든 것에 아주 깊이 내포되어 있다. 바로 정직성이다. 효과적인 글쓰기 원칙은, 사람들이 당신의 글을 진심으로 이해하기를 바란다는 가정에 기반한다. 우리는 당연히 작성자가 명시한 목표를 실제 목표로 믿는다. 그렇지만 이런 가정이 항상 맞지 않다는 게 현실이다.

특정 환경에서 작성자의 목표는 사람들이 글을 읽고 이해하는 것이 아니라, 정확히 그 반대인 경우가 있다. 일부 작성자는 공개해야 하지만 공개하고 싶지 않은 정보를 일부러 이해하기 어렵고 애매하게 만들어 숨기는 것을 목표로 한다. 실제로 기업은 CEO 보상패키지와 다른 중요한 재무 문제를 투자자에게 공개할 때 글을 더 둔탁하게 쓰고,[15] 과학자는 연구를 조작할 때 글을 더 복잡하게 쓴다.[16] 때때로 작성자들은 기업, 정치인, 정부, 변호 단체, 다른 조직을 위해 돈을 받고 오해하기 쉬운 생각과 노골적인 거짓말을 퍼뜨린다.

선전과 허위정보가 현대의 산물이라고 보긴 어렵지만 걱정할 수밖에 없을 정도로 소셜 미디어에서 흔하게 나타난다.

우리에게 일부러 불분명한 글을 쓰는 작성자를 위한 지침은 없다. 그 지침은 우리 책의 원칙에 어긋나며 나아가 일반적인 윤리적 의사소통 원칙에도 어긋난다. 하지만 우리는 그러한 글을 읽는 사람을 위한 지침은 제공할 수 있다. 의도적으로 복잡해 보이는 메시지를 접하면 조심하고 주의를 기울이도록 말이다. 불분명한 글의 대부분은 작성자가 효과적으로 소통하는 방법을 이해하지 못해서 그렇다. 그러나 일부는 아주 중요한 진실을 감추고 있어서 그렇다. 진실은 작성자만 알고 있을 뿐이다.

12장

변화하는 글쓰기

이 책의 큰 목표는 당신이 평상시 글을 쓸 때 글쓰기 6원칙을 기계적으로 적용할 수 있도록 만드는 데 있다. 의식적으로 주의집중력을 많이 써야 한다면 지칠 수밖에 없다. 그래서 어려운 작업은 피하거나 미루고 싶은 게 당연하다. 그렇지만 효과적인 글쓰기는 연습을 많이 할수록 더 쉽게 할 수 있다. 이것을 노래하고 타자를 치고 운전을 배웠던 것처럼 생각하라. 처음에는 요구하는 게 너무 많고 전적으로 주의집중력을 써야 하는 듯 보인다. 하지만 결국엔 아주 익숙해져서 다른 작업을 하면서도 할 수 있게 된다. 고속도로를 순조롭게 운전하면서 블루투스로 통화를 하거나 리포트를 작성하면서 음악을 듣는 것처럼 말이다.

물론, 효과적으로 글을 쓰는 법을 배우려면 투자를 먼저 해야 한다. 그러나 투자는 다양한 성과로 이어진다. 우리 두 사람은 이 책 전반에 걸쳐 효과적인 글쓰기가 글을 읽는 사람에게 주는 이익에 집중했다. 또한 작성자에게도 이익이 되는 많은 사례를 언급했다. 이 부분은 다시 강조할 만한 가치가 있다. 효과적인 글쓰기가 읽는 사람의 삶을 더 편하게 만들어 주는 건 분명하다. 그렇다고 해서 작성자가 희생할 필요는 없다. 작성자는 그저 자신의 목표를 명확하게 하고 정제하며 목표를 달성할 가능성을 높이면 그뿐이다.

비효과적인 글쓰기 때문에 발생하는 의사소통 오류는 관계를 해칠 수 있다. 어쩌면 경력을 망칠 수도 있다. 특히 당신이 글을 통해서 대중을 상대하거나 평상시에 협업이 중요한 직업에 종사한다면 더 그렇다. 극단적인 경우에는 2000년 미국 선거처럼, 말 그대로 역사의 흐름을 바꿀 수도 있다. 또한 인간이 갖고 있는 가장 훌륭하고 마법 같은 힘, 당신의 머리에서 다른 사람의 머릿속으로 생각을 전

달하는 능력을 잃어버린다.

일단 효과적인 의사소통의 힘을 이용하면 그 장점은 모든 규모에서 작용한다. 동료에게서 업무 관련 설문지의 응답을 얻거나 친구와 저녁식사 일정을 잡을 때 유용하다. 앞에서 살펴봤듯이, 투표율을 높이거나 아픈 환자가 검진 일정에 맞춰 내원하는 데 도움이 되기도 한다. 효과적인 글쓰기는 풍부한 유머와 공감, 감정, 문체, 관점이 더해져 활기가 넘치는 글쓰기가 될 수 있다. 효과적인 글쓰기는 삶에서 가장 중요한 부분에도 영향을 미친다. 정의와 번영을 추구하여 발전하고, 어려운 상황에 처한 부모를 도와주고, 슬퍼하는 사람들에게 의미 있는 위로와 지지의 메시지를 제공하는 일에 쓸모 있다.

목표 지향적인 글쓰기 원칙은 시대를 초월하며 글쓰기 과정 자체만큼이나 오래되었지만, 그 원칙을 적용하는 것은 항상 발전하고 있다. 무엇보다 효과적인 글쓰기는 메시지를 전달하는 매체의 영향을 받는다. 20년 전에 소셜 미디어는 새롭고 흥미로운 매체였다. 30년 전에는 문자메시지가 그랬고 40년 전에는 이메일이 그랬다. 기술의 변화만큼이나 인종과 성별, 그리고 다른 정체성에 대한 태도도 빠르게 변했다. 기술과 사회가 계속 발전함에 따라 글쓰기는 계속 변한다.

작가인 우리는 기술 전문가들도 아니고 예지력이 있는 사람들도 아니다. 일상에서의 실용적 글쓰기가 앞으로 40년 후에 어떤 모습

일지 예측할 생각은 없다. 그러나 모든 기술적 변화로 새로운 소통 수단이 등장하고, 그 소통 수단은 새로운 규범과 기회와 도전을 불러올 것이란 사실, 시간과 주의집중력이 계속 부족할 거란 사실은 자신 있게 예측할 수 있다. 따라서 읽기 더 쉬운 효과적인 글쓰기는 계속해서 절실히 필요할 수밖에 없다. 우리가 이 책을 쓰는 동안 챗 GPT'ChatGPT 같은 대형 언어 모델Large-language-model인 AI 챗봇이 폭발적인 대세로 떠올랐다. 이 도구는 실제로 인간이 글을 쓰는 방식을 분석해서 모방하도록 훈련받았고 논리정연한 텍스트를 놀라울 정도로 정교하게 구성할 수 있다.

챗봇은 작성자를 보조하는 데 아주 큰 도움이 될 수 있다. 예를 들어 주요 항목에 글머리 기호가 붙은 초안을 제공하거나 초안을 마무리로 잘 다듬어 커서가 깜빡이는 빈 화면을 하염없이 바라보는 작성자의 고통을 극복하는 데 도움이 될 수 있다. 그러나 이 책 전반에 걸쳐 보여 준 것처럼, 효과적인 글을 쓰려면 사람들이 읽는 방식과 읽기 과정에 영향을 미치는 끊임없이 변하는 맥락과 기대를 알아야 한다. 대형 언어 모델인 챗봇은 아직 이런 통찰력을 갖고 글을 쓰도록 훈련되진 않았다. (아마도 언젠가는 훈련이 되겠지만!) 현재는 작성자가 자신의 목표를 이루고자 바쁜 사람을 위한 효과적인 글을 쓰려면 스스로 할 수밖에 없다.

우리는 이 책을 시작하면서 바쁜 사람들이 글을 이해하지 않고 떠난다면 그것은 작성자의 잘못이라고 주장하였다. 앞으로도 그저 편히 앉아서 우리가 쓰는 모든 글에 사람들이 세심하게 주의를 기울이기를 바랄 수 있다. 또는 바쁜 사람들을 그들이 있는 그 자리, 모습 그대로 만나는 것이 우리 역할이라는 사실을 그냥 받아들일 수도 있다. 당신이 이 책에서 아무것도 얻지 못할지라도 이것만은 기억하여 글을 쓸 때마다 스스로에게 물어보길 바란다.

글을 읽는 사람을 위해, 어떻게 쉽게 쓸 수 있을까?

이렇게 하면 당신과 당신의 글을 읽는 사람 모두에게 이로울 것을 약속한다. 이렇게 하면 어떤 면에서는 작을 수도 있고 클 수도 있지만, 세상을 더 친절하고 더 이해하기 쉬운 곳으로, 더 생산적이고 서로가 더 이어지는 곳으로 만들 수 있을 것이다.

NOTE

감사의 말

'적을수록 더 좋다'는 효과적인 글쓰기의 핵심이지만, 책을 만들 때는 사람이 많을수록 더 좋다. 우리의 멘토와 동료, 연구생, 가족은 우리가 이 책을 쓰는 데 도움을 주었다. 그들 덕분에 바쁜 사람들을 위한 글쓰기 기법이 더할 나위 없이 좋아졌다. 이에 깊은 감사를 전한다. 여기에 나열된 사람들은 우리에게 인내심을 보여 주고 격려와 의견, 영감을 주었다. 자신의 생각과 시간을 함께 공유해 준 많은 사람들에게 고마움을 전한다. 이 책에 담긴 모든 지혜에 실수가 있다면 그건 모두 우리 탓이다.

가족과 친구들: 사라 다드카Sara Dadkhah, 캐롤라인 로저스Caroline Rogers, 플레처 로저스Fletcher Rogers, 아미 파레흐Ami Parekh, 앤디 쿠서Adny Kucer, 브라이언 쿠서Brian Kucer, 크리스 코겔Chris Koegel, 에밀리 바이라드Emily Bailard, 커크 앨런Kirk Allen, 매트 웨슬러Matt Wessler, 넷 베시Nat Bessey, 샤론 웡Sharon Wong, 테드 새터스웨이트Ted Satterthwaite, 윌 하키Wil Harkey

멘토와 동료, 협력자들: 앨리슨 브룩스Allison Brooks, 앤절라 더크워스Angela Duckworth, 아리엘 켈러Arielle Keller, 보벳 고든Bobette Gorden, 칼리 로빈슨Carly Robinson, 카르멘 노벨Carmen Nobel, 캐스 선스타인Cass Sunstein, 크리스 맨Chris Mann, 대니 오펜하이머Danny Openheimer, 데이브 마코위츠Dave Markowitz, 데이브 누스바움Dave Nussbaum, 데이비드 니커슨David Nickerson, 돌리 추Dolly Chugh, 엘리자베스 리노스Elizabeth Linos, 에반 네스테락Evan Nesterak, 헤디 창Hedy Chang, 힐러리 슐먼Hillary Shulman, 헌터 겔바흐Hunter Gehlbach, 제프 세글린Jeff Seglin, 줄리아 민슨Julia Minson, 케이티 밀크먼Katy Milkman, 로렌 킨Lauren Keane, 레슬리 존Leslie John, 맥스 베이저만Max Bazerman, 마이크 노턴Mike Norton, 낸시 깁스Nancy Gibbs, 닉 에플리Nick Epley, 로버트 치알디니Robert Cialdini, 로스 앳킨스Ros Atkins, 센딜 멀레이너선Sendhil Mullainathan, 샤라드 고엘Sharad Goel, 시드니 드멜로Sidney D'Mello, 테일러 우즈-고티에Taylor Woods-Gauthier, 자크 토르말라Zak Tormala, 훌륭한 학생들과 협력 단체들

모호한 생각이 텍스트가 되도록 도와준 경이로운 전문가들: 애비게일 쿤스Abigail Koons, 알렉시스 버기스Alexis Burgess, 셀레스트 파인Celeste Fine, 코리 파월Corey Powell, 하쉬 바르단 사니Harsh Vardhan Sahni, 존 마스John Maas, 켈리 윤Kelly Yun

마지막으로 더턴Dutton 출판사 사람들: 그레이스 레이어Grace Layer, 스티븐 모로우Stephen Morrow, 티파니 에스트라이허Tiffany Estreicher, 앨리스 달림플Alice Dalrymple

이 프로젝트에 대한 헌신과 출간 과정에서 보여 준 인내심에 대해 감사를 전한다.

주석

서문

1. Bobby Allyn, "They Ignored or Deleted the Email from Airbnb. It Was a $15,000 Mistake," npr.org, December 12, 2020, https://www.npr.org/2020/12/12/945871818/they-ignored-or-deleted-the-email-from-airbnb-it-was-a-15-000-mistake.

2. Michael Chui, James Manyika, Jacques Bughin, Richard Dobbs, Charles Roxburgh, Hugo Sarrazin, Geoffrey Sands, and Magdalena Westergren, *The Social Economy: Unlocking Value and Productivity through Social Technologies* (n.p.: McKinsey Global Institute, 2012).

3. 미국에서는 주민 발의안을 통해 일루 수에서는 시민들이 새로운 법률이니 헌법 개정안에 대해 새로운 법률이나 헌법 개정에 직접 투표할 수 있다.

4. Shauna Reilly and Sean Richey, "Ballot question readability and roll-off: The impact of language complexity," *Political Research Quarterly* 64, no. 1 (2011): 59-67.

1장

1. "Why Is Everyone So Busy?" *Economist*, December 20, 2014, https://www.economist.com/christmas- specials/2014/12/20/why-is-everyone-so-busy.

2. Alina Tugend, "Too Busy to Notice You're Too Busy," *New York Times*, March 31, 2007, https://www.nytimes.com/2007/03/31/business/31shortcuts.html.

3. Kira M. Newman, "Why You Never Seem to Have Enough Time," *Washington Post*, March 25, 2019, https://www.washingtonpost.com/lifestyle/2019/03/25/why-you-never-seem-have-enough-time/.

4. Patrick Van Kessel, "How Americans Feel about the Satisfactions and Stresses of Modern Life," Pew Research Center, February 5, 2020, https://www.pewresearch.org/fact-tank/2020/02/05/how-americans-feel-

about-the-satisfactions-and-stresses-of-modern-life/.

5. 경영진 교육 과정 수강생을 대상으로 실시한 설문조사, 2021년 2월. N = 160.

6. George A. Miller, "The magical number seven, plus or minus two: Some limits on our capacity for processing information," *Psychological Review* 63, no. 2 (1956): 81.

7. Jon Hamilton, "Multitasking in the Car: Just Like Drunken Driving," npr. org, October 16, 2008, https://www.npr.org/2008/10/16/95702512/ multitasking-in-the-car-just-like-drunken-driving?storyId=95702512.

8. 엑스의 '주의력'에 대한 정의는 학술 연구에서 일반적으로 사용하는 것보다 더 광범위하다. 특히, 엑스에서는 '주의'를 개별적인 순간에 주의를 기울이고, 지시하고, 집중할 수 있는 정신 적 활동이라는 의미로 사용한다. 엑스가 정의에 포함하는 정신 활동의 구성 요소에는 작업 기 억, 집중력, 방향 감각, 실행 기능이 있다. 주의력에 대한 학자들의 생각과 다양한 주의력 유형 에 대한 연구에 대한 검토는 다음을 참조. Steven E. Petersen and Michael I. Posner, "The attention system of the human brain: 20 years after," *Annual Review of Neuroscience* 35 (2012): 73.

9. L. Payne and R. Sekuler, "The importance of ignoring: Alpha oscillations protect selectivity," *Current Directions in Psychological Science* 23, no. 3 (2014): 171-77.

10. Jeremy M. Wolfe and Todd S. Horowitz, "Five factors that guide attention in visual search," *Nature Human Behaviour* 1, no. 3 (2017): 1-8, https:// www.nature.com/articles/s41562-017-0058.

11. Https:// www.ikon-images.com/stock-photo-busy-iconic-londonsceneillustration-image00023061.html.

12. Benjamin R. Stephens and Martin S. Banks, "Contrast discrimination in human infants," *Journal of Experimental Psychology: Human Perception and Performance* 13, no. 4 (1987): 558.

13. Wolf M. Harmening and Hermann Wagner, "From optics to attention: Visual perception in barn owls," *Journal of Comparative Physiology A* 197, no. 11 (2011): 1031-42.

14. Naotsugu Tsuchiya and Christof Koch, "Continuous flash suppression reduces negative afterimages," *Nature Neuroscience* 8, no. 8 (2005):

1096-101; Raymond M. Klein, "Inhibition of return," *Trends in Cognitive Sciences* 4, no. 4 (2000): 138-47; Daniel J. Simons and Christopher F. Chabris, "Gorillas in our midst: Sustained inattentional blindness for dynamic events," *Perception* 28, no. 9 (1999): 1059-74; Heather Berlin and Christof A. Koch, "Defense Mechanisms: Neuroscience Meets Psychoanalysis," *Scientific American*, April 1, 2009, https://www. scientificamerican.com/article/neuroscience-meets- psychoanalysis.

15. A. MacKay-Brandt, "Focused attention," *Encyclopedia of Clinical Neuropsychology*, eds. J. S. Kreutzer, J. DeLuca, and B. Caplan (New York: Springer, 2011): 1066-67.

16. Simons and Chabris, "Gorillas in our midst."

17. Brandon J. Schmeichel, Kathleen D. Vohs, and Roy F. Baumeister, "Intellectual performance and ego depletion: Role of the self in logical reasoning and other information processing," cited in *Self-Regulation and Self-Control*, by Roy F. Baumeister (Abingdon, UK: Routledge, 2018), 310-39.

18. William D. S. Killgore, "Effects of sleep deprivation on cognition," *Progress in Brain Research* 185 (2010): 105-29.

19. Filip Skala and Erika Zemková, "Effects of acute fatigue on cognitive performance in team sport players: Does it change the way they perform? A scoping review," *Applied Sciences* 12, no. 3 (2022): 1736.

20. Caitlin Mills, Julie Gregg, Robert Bixler, and Sidney K. D'Mello, "Eye-mind reader: An intelligent reading interface that promotes long-term comprehension by detecting and responding to mind wandering," *Human-Computer Interaction* 36, no. 4 (2021): 306-32; Shi Feng, Sidney D'Mello, and Arthur C. Graesser, "Mind wandering while reading easy and difficult texts," *Psychonomic Bulletin & Review* 20, no. 3 (2013): 586-92; D. M. Bunce, E. A. Flens, and K. Y. Neiles, "How long can students pay attention in class? A study of student attention decline using clickers," *Journal of Chemical Education* 87, no. 12 (2010): 1438-43.

21. Gloria Mark, Victor M. Gonzalez, and Justin Harris, "No task left behind?

Examining the nature of fragmented work," in *Proceedings of the SIGCHI Conference on Human Factors in Computing Systems* (New York: Association for Computing Machinery, 2005), 321-30; Jennifer Robison, "Too Many Interruptions at Work?" Gallup Business Journal, June 8, 2006.

22. Bob Sullivan and Hugh Thompson, "Brain, Interrupted," *New York Times*, May 3, 2013, https://www.nytimes.com/2013/05/05/opinion/sunday/a-focus-on-distraction.html.

23. Publilius Syrus, *The Moral Sayings of Publius Syrus, a Roman Slave*, trans. D. Lyman (Cleveland: L. E. Barnard, 1856).

24. 현대의 환경이 집중력을 두 가지 작업에 동시에 나누는 데 더 효과적이라는 증거가 몇 가지 있다. 하지만 동시에 두 가지 이상의 일을 하면 한 번에 한 가지 일에 완전히 집중하는 것만큼 둘 중 하나를 잘 할 수 있는 능력이 줄어든다. 이 주제에 대한 친절한 리뷰, 명상 및 가이드는 칼 뉴포트Cal Newport의 《딥 워크》를 참조하길 바란다.

25. Kevin Collins, "Why You Shouldn't Multitask and What You Can Do Instead," *Forbes*, July 15, 2021, https://www.forbes.com/sites/forbestechcouncil/2021/07/15/why-you-shouldnt-multitask-and-what-you-can-do-instead/?sh=4f2afebdd01b.

26. 2022년 2월 MTurk에서 실시한 온라인 설문조사. N = 1,808.

27. 두 가지 인지 과제에 직면했을 때 주의력 관리의 어려움을 설명하기 위해 스트룹 과제를 사용하지만, 일반적으로 주의력 연구자들은 이 과제를 선택적으로 주의를 기울이는 것의 어려움을 설명하기 위해 사용한다는 점에 유의하길 바란다. 두 가지 인지 과제를 모두 잘 보여 주는 예시다.

28. Stephanie Enz, Amanda C. G. Hall, and Kathryn Keirn Williams, "The myth of multitasking and what it means for future pharmacists," *American Journal of Pharmaceutical Education* 85, no. 10 (2021).

29. "Distracted Driving," National Highway Traffic Safety Administration, n.d., https:// www.nhtsa.gov/risky-driving/distracted-driving.

30. Les Masterson, "Distracted Driving Survey 2021: Drivers Confess to Bad Behavior," insurance.com, August 8, 2021, https://www.insurance.com/auto-insurance/distracted-driving.

2장

1. MTurk에서 실시한 온라인 설문조사, 2022년 2월. N = 1,808.

2. Jessica Lasky-Fink and Todd Rogers, "Signals of value drive engagement with multi-round information interventions," *PLOS ONE* 17, no. 10 (2022): e0276072.

3. Katherine L. Milkman, Todd Rogers, and Max H. Bazerman, "Highbrow films gather dust: Time-inconsistent preferences and online DVD rentals," *Management Science* 55, no. 6 (2009): 1047-59.

4. Matthew Healey and Robyn LeBoeuf, "How Incentives Help Us Do Hard Things," n.d., https://sjdm.org/presentations/2020-Poster-Healey-Patrick-Difficulty-Task-Goals~.pdf; also, Susan C. Wilkinson, Will Reader, and Stephen J. Payne, "Adaptive browsing: Sensitivity to time pressure and task difficulty," *International Journal of Human-Computer Studies* 70, no. 1 (2012): 14-25.

5. Zohar Rusou, Moty Amar, and Shahar Ayal, "The psychology of task management: The smaller tasks trap," *Judgment and Decision Making* 15, no. 4 (2020): 586.

6. MTurk에서 실시한 온라인 설문조사, 2022년 2월. N = 452.

7. MTurk에서 실시한 온라인 설문조사, 2022년 2월. N = 450.

8. Samuel M. McClure, Keith M. Ericson, David I. Laibson, George Loewenstein, and Jonathan D. Cohen, "Time discounting for primary rewards," *Journal of Neuroscience* 27, no. 21 (2007): 5796-804; Samuel M. McClure, David I. Laibson, George Loewenstein, and Jonathan D. Cohen, "Separate neural systems value immediate and delayed monetary rewards," Science 306, no. 5695 (2004): 503-7.

9. 쥐의 경우 다음을 참조. John Bascom Wolfe, "The effect of delayed reward upon learning in the white rat," *Journal of Comparative Psychology* 17, no. 1 (1934): 1.
   새의 경우 다음을 참조. G. W. Ainslie, "Impulse control in pigeons," *Journal of the Experimental Analysis of Behavior* 21, no. 3 (1974): 485-89; Howard Rachlin and Leonard Green, "Commitment, choice and self- control,"

Journal of the Experimental Analysis of Behavior 17, no. 1 (1972): 15-22. 학생의 경우 다음을 참조. Levon Melikian, "Preference for delayed reinforcement: An experimental study among Palestinian Arab refugee children," *Journal of Social Psychology* 50, no. 1 (1959): 81-86; Joan Grusec and Walter Mischel, "Model's characteristics as determinants of social learning," *Journal of Personality and Social Psychology* 4, no. 2 (1966): 211; Richard T. Walls and Tennie S. Smith, "Development of preference for delayed reinforcement in disadvantaged children," *Journal of Educational Psychology* 61, no. 2 (1970): 118.

침팬지의 경우 다음을 참조. Roger T. Kelleher, "Conditioned reinforcement in chimpanzees," *Journal of Comparative and Physiological Psychology* 50, no. 6 (1957): 571.

10. 임원교육회 150여명 설문조사 실시, 2022년 12월.

11. K. Rayner and M. Castelhano, "Eye movements," *Scholarpedia* 2, no. 10 (2007): 3649.

12. MTurk에서 실시한 온라인 설문조사, 2022년 2월. N = 903.

13. Jukka Hyönä and Robert F. Lorch, "Effects of topic headings on text processing: Evidence from adult readers' eye fixation patterns," *Learning and Instruction* 14, no. 2 (2004): 131-52; Guy M. Whipple and Josephine N. Curtis, "Preliminary investigation of skimming in reading," *Journal of Educational Psychology* 8, no. 6 (1917): 333.

14. Kara Pernice, "Text Scanning Patterns: Eyetracking Evidence," Nielsen Norman Group, August, 25, 2019, nngroup.com/articles/text-scanning-patterns-eyetracking.

3장

1. 애덤 그랜트(@AdamMGrant), 엑스 게시글, 2022년 7월 24일, 오전 10:10, https://twitter.com/adammgrant/status/1551208238581948416?lang=en.

1. Marc Brysbaert, "How many words do we read per minute? A review and meta-analysis of reading rate," *Journal of Memory and Language* 109 (2019): 104047.

2. "Section: Blaise Pascal" in *The Yale Book of Quotations*, Fred R. Sha-piro, ed., (New Haven: Yale University Press, 2006), 583.

3. G. S. Adams, B. A. Converse, A. H. Hales, and L. E. Klotz, "People systematically overlook subtractive changes," *Nature* 592, no. 7853 (2021): 258-61.

4. Katelyn Stenger, Clara Na, and Leidy Klotz, "Less is more? In patents, design transformations that add occur more often than those that subtract," in *Design Computing and Cognition*'20, ed. John S. Gero (Cham, Switzerland: Springer, 2022), 283-95; Leidy Klotz, *Subtract: The Untapped Science of Less* (New York: Flatiron Books, 2021).

5. 대형 비영리 단체에서 근무하는 전문가들을 대상으로 실시한 설문조사, 2022년 12월. N = 166.

6. 12,230명의 학교 이사회 구성원을 대상으로 실시한 온라인 설문조사, 2020년 8월. 실험 에는 세 가지 실험 조건이 포함되었다. 여기서는 두 가지(N = 7,002)만 보고했다. 반송된 이메일은 제외했다.

7. MTurk에서 실시한 온라인 설문조사, 2021년 2월. N = 493.

8. Noah D. Forrin, Caitlin Mills, Sidney K. D'Mello, Evan F. Risko, Daniel Smilek, and Paul Seli, "TL;DR: Longer sections of text increase rates of unintentional mind-wandering," *Journal of Experimental Education* 89, no. 2 (2021): 278-90.

9. Arthur Quiller-Couch, *On the Art of Writing*, vol. 10 (Cambridge, UK: Cambridge University Press, 1916).

10. "Her Time," *Time*, September 14, 2017, https://time.com/4941028/her-time-nancy-gibbs-editor/.

11. 이메일과 문자메시지를 모두 사용하여 네 번의 현장 실험에서 짧은 메시지와 긴 메시지를 테 스트했다. 이후 온라인 연구에서는 온라인 설문조사 참가자들에게 현장 실험의 실제 메시지 를 보여주고 짧은 메시지와 긴 메시지 중 어느 쪽이 수신자가 요청된 조치를 취하도록 하는

데 더 효과적인지 예측하도록 요청했다. 각각의 경우, 설문조사 참가자의 대다수는 긴 메시지가 더 효과적일 것이라고 예측했으며, 종종 대다수의 참가자가 이러한 잘못된 예측을 했다.

12. William Strunk Jr. and E. B. White, *The Elements of Style* (Illustrated) (New York: Penguin, 2007).

13. 저널리스츠 리소스와 함께 실시한 연구, 2021년 8월. N = 50,244.

14. Sinan Aral, Erik Brynjolfsson, and Marshall W. Van Alstyne, "Harnessing the digital lens to measure and manage information work," November 16, 2010, SSRN, https://ssrn.com/abstract=1709943.

15. 2023년 1월에 임원 교육 프로그램에 등록한 41명의 전문가에게 두 가지 메시지를 나란히 보여줬을 때, 59%가 간결한 유형에 비해 장황한 유형이 "한 문장부터 다음 문장까지 일관성 있게 더 잘 흘러간다"고 답했다.

16. T. M. Andrews, R. Kline, Y. Krupnikov, and J. B. Ryan, "Too many ways to help: How to promote climate change mitigation behaviors," *Journal of Environmental Psychology* 81 (2022): 101806.

17. Lester R. Lusher, Winnie Yang, and Scott E. Carrell, "Congestion on the Information Superhighway: Does Economics Have a Work-ing Papers Problem?" National Bureau of Economic Research, Working Paper No. 29153, August 2021.

5장

1. William H. DuBay, "The Principles of Readability," Impact Information, 2004, https://files.eric.ed.gov/fulltext/ED490073.pdf.

2. Christopher R. Trudeau, "The public speaks: An empirical study of legal communication," *Scribes Journal of Legal Writing* 14 (2011): 121.

3. Matthew S. Schwartz, "When Not Reading the Fine Print Can Cost Your Soul," npr.org, March 8, 2019, https://www.npr.org/2019/03/08/701417140/when-not-reading-the-fine-print-can-cost-your-soul.

4. Catharine Smith, "7,500 Online Shoppers Accidentally Sold Their Souls to GameStation," *HuffPost*, May 25, 2011, https://www.huffpost.com/entry/

gamestation-grabs-souls-o_n_541549.Accessed March 18, 2023.

5. Ruth Parker, "Health literacy: A challenge for American patients and their health care providers," *Health Promotion International* 15, no. 4 (2000): 277- 83.

6. Joseph Kimble, "Writing for dollars, writing to please," *Scribes Journal of Legal Writing* 6 (1996): 1.

7. Jill Diane Wright, "The effect of reduced readability text materials on comprehension and biology achievement," *Science Education* 66 (1982): 3-13.

8. Ethan Pancer, Vincent Chandler, Maxwell Poole, and Theodore J. Noseworthy, "How readability shapes social media engagement," *Journal of Consumer Psychology* 29, no. 2 (2019): 262-70.

9. Bin Fang, Qiang Ye, Deniz Kucukusta, and Rob Law, "Analysis of the perceived value of online tourism reviews: Influence of readability and reviewer characteristics," *Tourism Management* 52 (2016): 498- 506.

10. David M. Markowitz and Hillary C. Shulman, "The predictive utility of word familiarity for online engagements and funding," Proceedings of the National Academy of Sciences 118, no. 18 (2021): e2026045118; David M. Markowitz, "Instrumental goal activation increases online petition support across languages," *Journal of Personality and Social Psychology* 124, no. 6 (2023): 1133-145.

11. Alan M. Kershner, "Speed of reading in an adult population under differential conditions," *Journal of Applied Psychology* 48, no. 1 (1964): 25; DuBay, "The Principles of Readability"; Kristopher Kopp, Sidney D'Mello, and Caitlin Mills, "Influencing the occurrence of mind wandering while reading," *Consciousness and Cognition* 34 (2015): 52-62.

12. Shi Feng, Sidney D'Mello, and Arthur C. Graesser, "Mind wandering while reading easy and difficult texts," *Psychonomic Bulletin & Review* 20, no. 3 (2013): 586-92.

13. Michael K. Paasche-Orlow, Holly A. Taylor, and Frederick L. Brancati, "Readability standards for informed-consent forms as compared with

actual readability," *New England Journal of Medicine* 348, no. 8 (2003): 721-26.

14. Shauna Reilly and Sean Richey, " Ballot question readability and roll-off: The impact of language complexity," *Political Research Quarterly* 64, no. 1 (2011): 59-67; Jason C. Coronel, Olivia M. Bullock, Hillary C. Shulman, Matthew D. Sweitzer, Robert M. Bond, and Shannon Poulsen, "Eye movements predict large-scale voting decisions," *Psychological Science* 32, no. 6 (2021): 836-48.

15. Jessica Lasky-Fink, Carly D. Robinson, Hedy Nai-Lin Chang, and Todd Rogers, "Using behavioral insights to improve school administrative communications: The case of truancy notifications," *Educational Researcher* 50, no. 7 (2021): 442-50.

16. Ann Wylie, "What's the Latest U.S. Literacy Rate?" Wylie Communications, May 24, 2022, https://www.wyliecomm.com/2021/08/whats-the-latest-u-s-literacy-rate/.

17. "The State of Languages in the U.S.: A Statistical Portrait," American Academy of Arts and Sciences, December 7, 2016, https://www.amacad.org/publication/state-languages-us-statistical-portrait.

18. "Dyslexia FAQ," Yale Center for Dyslexia & Creativity, March 15, 2023, https://dyslexia.yale.edu/dyslexia/dyslexia-faq.

19. "Federal Plain Language Guidelines," Plain Language Action and Information Network, May 2011, https://www.plainlanguage.gov/media/FederalPLGuidelines.pdf.

20. Uri Benoliel and Samuel I. Becher, "The duty to read the unreadable," *Boston College Law Review* 60 (2019): 2255.

21. Alyxandra Cash and Hui-Ju Tsai, "Readability of the credit card agreements and financial charges," Finance Research Letters 24 (2018): 145-50; Paasche-Orlow, Taylor, and Brancati, "Readability standards for informed-consent forms"; Steven Walfish and Keely M. Watkins, "Readability level of health insurance portability and accountability act notices of privacy practices utilized by academic medical centers," *Evaluation & the Health*

Professions 28, no. 4 (2005): 479-86.

22. 가독성에 대한 연구는 전통적으로 문장당 단어 수, 음절 수 및 문장 복잡성과 같은 요소에 초점을 맞추고 있다. 우리의 규칙은 작가를 위한 실행 가능한 지침을 개발하기 위해 이러한 전통적인 정의를 확장한 것이다.

23. 이 인용문은 인터넷에서 마크 트웨인이 인용한 것으로 널리 알려져 있지만, 마크 트웨인이 언제 어디서 이 말을 했는지에 대한 신뢰할 만한 출처를 찾을 수 없었다.

24. "Google Books Ngram Viewer—Google Product," n.d., https://books.google.com/ngrams/.

25. Evan Halper, "These Word Cops Stand Guard to Keep Language Clear and Simple," *Los Angeles Times*, February, 19, 2021, https://www.latimes.com/politics/story/2021-02-19/enemies-opaque-deep-state-intolerant-of-government-incoherence.

26. Markowitz and Shulman, "The predictive utility of word familiarity."

27. David M. Markowitz, Maryam Kouchaki, Jeffrey T. Hancock, and Francesca Gino, "The deception spiral: Corporate obfuscation leads to perceptions of immorality and cheating behavior," *Journal of Language and Social Psychology* 40, no. 2 (2021): 277-96.

28. Daniel M. Oppenheimer, "Consequences of erudite vernacular utilized irrespective of necessity: Problems with using long words needlessly," *Applied Cognitive Psychology* 20, no. 2 (2006): 139-56.

29. "Submission Guidelines: Journal of Marketing," American Marketing Association, August 10, 2022, https://www.ama.org/submission-guidelines-journal-of-marketing/.

30. "Formatting Guide," *Nature*, https://www.nature.com/nature/for-authors/formatting-guide.

31. A. G. Sawyer, J. Laran, and J. Xu, "The readability of marketing journals: Are award-winning articles better written?" *Journal of Marketing* 72, no. 1 (2008): 108-17.

32. DuBay, "The Principles of Readability"; Edward Gibson, "Linguistic complexity: Locality of syntactic dependencies," *Cognition* 68, no. 1 (1998): 1-76.

33. Karolina Rudnicka, "Variation of sentence length across time and genre," in *Diachronic Corpora, Genre, and Language Change*, ed. Richard J. Whitt (Amsterdam: John Benjamins, 2018), 219-40.

34. Mark Liberman, Angela Duckworth, Lyle Ungar, Benjamin Manning, and Jordan Ellenberg, work in progress, 2023.

35. Lisa H. Trahan, Karla K. Stuebing, Merrill K. Hiscock, and Jack M. Fletcher, "The Flynn effect: A meta-analysis," *Psychological Bulletin* 140, no. 5 (2014): 1332, https://doi.org/10.1037/a0037173.

36. Liberman et al., work in progress, 2023.

37. Keith Rayner, Gretchen Kambe, and Susan A. Duffy, "The effect of clause wrap-up on eye movements during reading," *Quarterly Journal of Experimental Psychology: Section A* 53, no. 4 (2000): 1061-80; also Keith Rayner, Sara C. Sereno, Robin K. Morris, A. Rene Schmauder, and Charles Clifton Jr., "Eye movements and on-line language comprehension processes," *Language and Cognitive Processes* 4, no. 3-4 (1989): SI21-SI49.

38. George Washington, "First Inaugural Speech," April 30, 1789, National Archives, transcript, https://www.archives.gov/milestone-documents/president-george-washingtons-first-inaugural-speech; Joseph R. Biden Jr., "Inaugural Address," January 20, 2021, White House Briefing Room, Speeches and Remarks, https://www.whitehouse.gov/brief ing-room/speeches-remarks/2021/01/20/inaugural-address-by-president-joseph-r-biden-jr/.

39. Rachel Hvasta, "Ballot Measure Inaccessibility: Obscuring Voter Representation," February 9, 2020, https://www.americanbar.org/groups/crsj/publications/human_rights_magazine_home/voting-rights/ballot-measure-inaccessibility-obscuring-voter-representation/.

6장

1. "Army Regulation 25-50: Information Management: Records Management:

Preparing and Managing Correspondence," Department of the Army; Matthew Ström, "Bottom Line Up Front: Write to Make Decisions Faster," matthewstrom.com, May 17, 2020, https://matthewstrom.com/writing/bluf/.

2. Martin Baekgaard, Matthias Döring, and Mette Kjærgaard Thomsen, "It's not merely about the content: How rules are communicated matters to administrative burden" (paper presented at the 2022 PMRA Conference in Phoenix, AZ, 2022).

3. Darren Grant, "The ballot order effect is huge: Evidence from Texas," *Public Choice* 172, no. 3 (2017): 421-42.

4. Kimberly Schweitzer and Narina Nuñez, "The effect of evidence order on jurors' verdicts: Primacy and recency effects with strongly and weakly probative evidence," *Applied Cognitive Psychology* 35, no. 6 (2021): 1510-22.

5. Jamie Murphy, Charles Hofacker, and Richard Mizerski, "Primacy and recency effects on clicking behavior," *Journal of Computer-Mediated Communication* 11, no. 2 (2006): 522-35.

6. Journalist's Resource와 함께 실시한 설문조사, 2022년 11월. N = 46,648.

7. "Monthly Due Date," plainlanguage.gov, n.d., https://www.plainlanguage.gov/examples/before-and-after/monthly-due-date/.

8. Alissa Fishbane, Aurelie Ouss, and Anuj K. Shah, "Behavioral nudges reduce failure to appear for court," *Science* 370, no. 6517 (2020): eabb6591.

7장

1. Paul Saenger, *Space Between Words: The Origins of Silent Reading* (Stanford, CA: Stanford University Press, 1997).

2. Prolific에서 실시한 온라인 설문조사, 2022년 12월.

3. "Full Disclosure," Federal Trade Commission, September 23, 2014, https://www.ftc.gov/business-guidance/blog/2014/09/full-disclosure.

4. Yonathan A. Arbel and Andrew Toler, "ALL-CAPS," *Journal of Empirical Legal Studies* 17, no. 4 (2020): 862-96.

5. Mary Beth Beazley, "Hiding in plain sight: 'Conspicuous type' standards in mandated communication statutes," *Journal of Legislation* 40 (2013): 1.

6. Beazley, "Hiding in plain sight," 1.

7. 일부 법률에서는 텍스트를 눈에 잘 띄게 하기 위해 대문자를 사용하도록 요구하지만, 대문자를 사용한다고 해서 다른 맥락에서 명확성과 눈에 잘 띄는 법적 요건을 반드시 충족하는 것은 아니다. 실제로 미국 연방 제9순회 법원은 *American General Finance, Inc. v. Bassett*, 285 F.3d 882(2002)에서 "캡 잠금 키가 즉시 '눈에 잘 띄는' 버튼이라고 생각하는 변호사는 착각하고 있다"고 판시한 바 있다. https://www.adamsdrafting.com/all-capitals/ 참조.

8. "Medicaid Eligibility," plainlanguage.gov, n.d., https://www.plainlanguage.gov/examples/before-and-after/medicaid-eligibility/.

9. MTurk에서 실시한 온라인 설문조사, 2023년 1월. N = 1,662.

10. MTurk에서 실시된 온라인 설문조사, 2021년 2월. N = 953.

11. 이 연구는 강조 표시와 관련된 학술 논문을 대상으로 진행되었기 때문에 관련 없는 문장을 굵게 표시하거나 밑줄을 긋는 유사한 조건은 포함하지 않았다. 하지만 결과는 동일할 것으로 예상한다: 글을 읽는 사람들은 형식이 지정된 단어를 가장 중요한 것으로 해석하기 때문에 나머지 지문을 건너뛰고 그 과정에서 보너스를 놓치는 경향이 있다.

12. MTurk에서 실시한 온라인 설문조사, 2021년 3월. N = 557.

8장

1. Elizabeth Louise Newton, "The rocky road from actions to intentions" (PhD diss., Stanford University, 1990).

2. Sharon E. Beatty and Scott M. Smith, "External search effort: An investigation across several product categories," *Journal of Consumer Research* 14, no. 1 (1987): 83-95; Hanjoon Lee, Paul M. Herr, Frank R. Kardes, and Chankon Kim, "Motivated search: Effects of choice accountability, issue involvement, and prior knowledge on information acquisition and use," *Journal of Business Research* 45, no. 1 (1999): 75-88.

3. Richard E. Petty and John T. Cacioppo, "Issue involvement can increase or decrease persuasion by enhancing message-relevant cognitive

responses," *Journal of Personality and Social Psychology* 37, no. 10 (1979): 1915; Richard E. Petty, John T. Cacioppo, and Rachel Goldman, "Personal involvement as a determinant of argument-based persuasion," *Journal of Personality and Social Psychology* 41, no. 5 (1981): 847.

4. Lauren Marie Keane, "Sowing the seeds for grassroots growth: How recruitment appeals impact the calculus of citizen engagement" (PhD diss., University of Notre Dame, 2013).

5. Jacob D. Teeny, Joseph J. Siev, Pablo Briñol, and Richard E. Petty, "A review and conceptual framework for understanding personalized matching effects in persuasion," *Journal of Consumer Psychology* 31, no. 2 (2021): 382-414.

9장

1. Brigitte C. Madrian and Dennis F. Shea, "The power of suggestion: Inertia in 401(k) participation and savings behavior," *Quarterly Journal of Economics* 116, no. 4 (2001): 1149-87.

2. Eric J. Johnson and Daniel G. Goldstein, "Defaults and donation decisions," *Transplantation* 78, no. 12 (2004): 1713-16.

3. Gretchen B. Chapman, Meng Li, Helen Colby, and Haewon Yoon, "Opting in vs opting out of influenza vaccination," *JAMA* 304, no. 1 (2010): 43- 44.

4. Felix Ebeling and Sebastian Lotz, "Domestic uptake of green energy promoted by opt-out tariffs," *Nature Climate Change* 5, no. 9 (2015): 868-71.

5. Peter Bergman, Jessica Lasky-Fink, and Todd Rogers, "Simplification and defaults affect adoption and impact of technology, but decision makers do not realize it," *Organizational Behavior and Human Decision Processes* 158 (2020): 66-79.

6. Jeffrey R. Kling, Sendhil Mullainathan, Eldar Shafir, Lee C. Vermeulen, and Marian V. Wrobel, "Comparison friction: Experimental evidence from Medicare drug plans," *Quarterly Journal of Economics* 127, no. 1 (2012): 199-235.

7. Amos Tversky and Eldar Shafir, "Choice under conflict: The dynamics of deferred decision," *Psychological Science* 3, no. 6 (1992): 358-61; Sheena S. Iyengar and Mark R. Lepper, "When choice is demotivating: Can one desire too much of a good thing?" *Journal of Personality and Social Psychology* 79, no. 6 (2000): 995; Alexander Chernev, Ulf Böckenholt, and Joseph Goodman, "Choice overload: A conceptual review and meta- analysis," *Journal of Consumer Psychology* 25, no. 2 (2015): 333-58; Barry Schwartz, *The Paradox of Choice: Why More Is Less* (New York: Ecco, 2004).

8. Michael Lewis, "Obama's Way," *Vanity Fair*, September 11, 2012, https://www.vanityfair.com/news/2012/10/michael-lewis-profile-barack-obama.

9. John Beshears, James J. Choi, David Laibson, and Brigitte C. Madrian, "Simplification and saving," *Journal of Economic Behavior & Organization* 95 (2013): 130-45.

10. Jimmy Stamp, "Redesigning the Vote," *Smithsonian*, November 6, 2012, https://www.smithsonianmag.com/arts-culture/redesigning-the-vote-111423836/.

11. Jonathan N. Wand, Kenneth W. Shotts, Jasjeet S. Sekhon, Walter R. Mebane Jr., Michael C. Herron, and Henry E. Brady, "The butterfly did it: The aberrant vote for Buchanan in Palm Beach County, Florida," *American Political Science Review* 95, no. 4 (2001): 793-810; see also Craig R. Fox and Sim B. Sitkin, "Bridging the divide between behavioral science and policy," *Behavioral Science & Policy* 1, no. 1 (2015): 1-12.

12. Saurabh Bhargava and Dayanand Manoli, "Psychological frictions and the incomplete take-up of social benefits: Evidence from an IRS field experiment," *American Economic Review* 105, no. 11 (2015): 3489-529.

13. "EITC Participation Rate by States Tax Years 2012 through 2019," https:// www.eitc.irs.gov/eitc-central/participation-rate-by-state/eitc-participation-rate-by-states.

14. 이 연구에서 근로소득 세액공제를 부르는 글자는 다음과 같다. "Earned Income Credit" 또는 "EIC".

10장

1. 경영진 교육 과정 수강생을 대상으로 실시한 설문조사, 2021년 2월. N = 159.

2. Sionnadh Mairi McLean, Andrew Booth, Melanie Gee, Sarah Salway, Mark Cobb, Sadiq Bhanbhro, and Susan A. Nancarrow, "Appointment reminder systems are effective but not optimal: Results of a systematic review and evidence synthesis employing realist principles," *Patient Preference and Adherence* 10 (2016): 479-99.

3. Dean Karlan, Margaret McConnell, Sendhil Mullainathan, and Jonathan Zinman, "Getting to the top of mind: How reminders increase saving," *Management Science* 62, no. 12 (2016): 3393-411.

4. Peter Baird, Leigh Reardon, Dan Cullinan, Drew McDermott, and Patrick Landers, "Reminders to pay: Using behavioral economics to increase child support payments," *OPRE Report* 20 (2015).

5. Donald P. Green and Adam Zelizer, "How much GOTV mail is too much? Results from a large-scale field experiment," *Journal of Experimental Political Science* 4, no. 2 (2017): 107-18.

6. Cristian Pop-Eleches, Harsha Thirumurthy, James P. Habyarimana, Joshua G. Zivin, Markus P. Goldstein, Damien de Walque, Leslie MacKeen, et al., "Mobile phone technologies improve adherence to antiretroviral treatment in a resource-limited setting: A randomized controlled trial of text message reminders," *AIDS* 25, no. 6 (2011): 825-34.

7. Jessica Lasky-Fink and Todd Rogers, "Signals of value drive engagement with multi-round information interventions," *PLOS ONE* 17, no. 10 (2022): e0276072.

8. Elizabeth Linos, Allen Prohofsky, Aparna Ramesh, Jesse Rothstein, and Matthew Unrath, "Can nudges increase take-up of the EITC? Evidence from multiple field experiments," *American Economic Journal: Economic Policy* 14, no. 4 (2022): 432-52.

9. Dean Karlan and John A. List, "How can Bill and Melinda Gates increase other people's donations to fund public goods?" *Journal of Public Economics* 191 (2020): 104296.

10. Johanna Catherine Maclean, John Buckell, and Joachim Marti, "Information Source and Cigarettes: Experimental Evidence on the Messenger Effect," National Bureau of Economic Research, Working Paper No. 25632, March 2019. 이 주제에 대해 더 알고 싶다면 로버트 치알디니(Robert Cialdini)의 《설득의 심리학》을 추천한다.

11. Dan Bauman Chris Quintana, "Drew Cloud Is a Well-Known Expert on Student Loans. One Problem: He's Not Real," *Chronicle of Higher Education*, April 24, 2018, https://www.chronicle.com/article/drew-cloud-is-a-well-known-expert-on-student-loans-one-problem-hes-not-real/.

12. Erica Dhawan, "Did You Get My Slack/Email/Text?" *Harvard Business Review*, May 7, 2021, https:// hbr.org/2021/05/did-you-get-my-slack-email-text.

13. Jessica Lasky-Fink, Jessica Li, and Anna Doherty, "Reminder postcards and simpler emails encouraged more college students to apply for CalFresh," California Policy Lab, 2022.

14. Katerina Linos, Melissa Carlson, Laura Jakli, Nadia Dalma, Isabelle Cohen, Afroditi Veloudaki, and Stavros Nikiforos Spyrellis, "How do disadvantaged groups seek information about public services? A randomized controlled trial of communication technologies," *Public Administration Review* 82, no. 4 (2022): 708-20.

15. Allison Dale and Aaron Strauss, "Don't forget to vote: Text message reminders as a mobilization tool," *American Journal of Political Science* 53, no. 4 (2009): 787-804.

16. Neil Malhotra, Melissa R. Michelson, Todd Rogers, and Ali Adam Valenzuela, "Text messages as mobilization tools: The conditional effect of habitual voting and election salience," *American Politics Research* 39, no. 4 (2011): 664-81.

17. Vote.org, "Increasing Voter Turnout—One Text at a Time," *Me-dium*, June 27, 2017, https://medium.com/votedotorg/increasing-voter-turnout-with-texts-voteorg-e38bd454bd64.

18. Ethan Pancer, Vincent Chandler, Maxwell Poole, and Theodore J.

Noseworthy, "How readability shapes social media engagement," *Journal of Consumer Psychology* 29, no. 2 (2019): 262-70.

19. Gemma Fitzsimmons, Lewis T. Jayes, Mark J. Weal, and Denis Drieghe, "The impact of skim reading and navigation when reading hyperlinks on the web," *PLOS ONE* 15, no. 9 (2020): e0239134.

20. Justin Kruger, Nicholas Epley, Jason Parker, and Zhi-Wen Ng, "Egocentrism over e-mail: Can we communicate as well as we think?" *Journal of Personality and Social Psychology* 89, no. 6 (2005): 925-36.

21. Hannah Elizabeth Howman and Ruth Filik, "The role of emoticons in sarcasm comprehension in younger and older adults: Evidence from an eye-tracking experiment," *Quarterly Journal of Experimental Psychology* 73, no. 11 (2020): 1729-44.

22. Aiyana Ishmael, "Sending Smiley Emojis? They Now Mean Different Things to Different People," *Wall Street Journal*. August 9, 2021, https:// www.wsj.com/ articles/ sending-a-smiley-face-make-sure-you-know-what-youre-saying-11628522840.

23. *Friel v. Dapper Labs, Inc. et al.*, 1:21-cv-05837-VM, page 46: https://assets.bwbx.io/documents/users/iqjWHBFdfxIU/rNL9SOS91Xgo/v0.

24. Claus-Peter Ernst and Martin Huschens, "Friendly, humorous, incompetent? On the influence of emoticons on interpersonal perception in the workplace," in *Proceedings of the 52nd Hawaii International Conference on System Sciences* (Grand Wailea, HI, 2019), http://hdl.handle.net/10125/59518.

11장

1. Stav Ziv, "Male and Female Co-Workers Switched Email Signatures, Faced Sexism," *Newsweek*, March 10, 2017, https://www.newsweek.com/male-and-female-coworkers-switched-email-signatures-faced-sexism-566507.

2. Ray Block Jr., Charles Crabtree, John B. Holbein, and J. Quin Monson, "Are Americans less likely to reply to emails from Black people relative to White

people?" *Proceedings of the National Academy of Sciences* 118, no. 52 (2021): e2110347118.

3. Katherine L. Milkman, Modupe Akinola, and Dolly Chugh, "Temporal distance and discrimination: An audit study in academia," *Psychological Science* 23, no. 7 (2012): 710-17.

4. Daniel M. Butler and David E. Broockman, "Do politicians racially discriminate against constituents? A field experiment on state legislators," *American Journal of Political Science* 55, no. 3 (2011): 463-77.

5. Corrado Giulietti, Mirco Tonin, and Michael Vlassopoulos, "Racial discrimination in local public services: A field experiment in the United States," *Journal of the European Economic Association* 17, no. 1 (2019): 165-204.

6. Corinne A. Moss-Racusin, John F. Dovidio, Victoria L. Brescoll, Mark J. Graham, and Jo Handelsman, "Science faculty's subtle gender biases favor male students," *Proceedings of the National Academy of Sciences* 109, no. 41 (2012): 16474-79.

7. Rachele De Felice and Gregory Garretson, "Politeness at work in the Clinton email corpus: A first look at the effects of status and gender," *Corpus Pragmatics* 2 (2018): 221-42.

8. Carol Waseleski, "Gender and the use of exclamation points in computer-mediated communication: An analysis of exclamations posted to two electronic discussion lists," *Journal of Computer-Mediated Communication* 11, no. 4 (2006): 1012-24.

9. Karina Schumann and Michael Ross, "Why women apologize more than men: Gender differences in thresholds for perceiving offensive behavior," *Psychological Science* 21, no. 11 (2010): 1649-55.

10. Robin Tolmach Lakoff, *Language and Woman's Place* (New York: Harper and Row, 1973).

11. Victoria Turk, "The Problem with Telling Women to Email Like Men," *Vice*, March 11, 2019, https://www.vice.com/en/article/8xyb5v/how-to-write-professional-work- email- women; Amelia Tait, "'Sorry for Bothering You!':

The Emotional Labour of Female Emails," *New Statesman*, July 3, 2017, https://www.newstatesman.com/science-tech/2017/07/sorry-bothering-you-emotional-labour-female-emails.

12. Elizabeth Linos, Allen Prohofsky, Aparna Ramesh, Jesse Rothstein, and Matthew Unrath, "Can nudges increase take-up of the EITC? Evidence from multiple field experiments," *American Economic Journal: Economic Policy* 14, no. 4 (2022): 432-52; Elizabeth Linos, Jessica Lasky-Fink, Chris Larkin, Lindsay Moore, and Elspeth Kirkman, "The Formality Effect," HKS Working Paper No. RWP23-009 (2023).

13. Olivia M. Bullock and Austin Y. Hubner, "Candidates' use of informal communication on social media reduces credibility and support: Examining the consequences of expectancy violations," *Communication Research Reports* 37, no. 3 (2020): 87-98.

14. Anaïs Gretry, Csilla Horváth, Nina Belei, and Allard C. R. van Riel, "'Don't pretend to be my friend!' When an informal brand communication style backfires on social media," *Journal of Business Research* 74 (2017): 77-89.

15. Indrarini Laksmana, Wendy Tietz, and Ya-Wen Yang, "Compensation discussion and analysis (CD&A): Readability and management obfuscation," *Journal of Accounting and Public Policy* 31, no. 2 (2012): 185-203; Brian J. Bushee, Ian D. Gow, and Daniel J. Taylor, "Linguistic complexity in firm disclosures: Obfuscation or information?" *Journal of Accounting Research* 56, no. 1 (2018): 85-121; John K. Courtis, "Annual report readability variability: Tests of the obfuscation hypothesis," *Accounting, Auditing & Accountability Journal* 11, no. 4 (1998): 459-72.

16. David M. Markowitz and Jeffrey T. Hancock, "Linguistic obfuscation in fraudulent science," *Journal of Language and Social Psychology* 35, no. 4 (2016): 435-45.